跟大师学语文

怎样写作

叶圣陶／著

中华书局

图书在版编目(CIP)数据

怎样写作/叶圣陶著. —北京:中华书局,2007.8
(2024.12重印)
(跟大师学语文)
ISBN 978-7-101-05737-9

Ⅰ.怎… Ⅱ.叶… Ⅲ.汉语-写作-文集 Ⅳ.H51-53

中国版本图书馆 CIP 数据核字(2007)第 092933 号

书　　名	怎样写作
著　　者	叶圣陶
丛 书 名	跟大师学语文
封面插图	丰子恺
责任编辑	王瑞玲　周　璐
装帧设计	许丽娟
责任印制	管　斌
出版发行	中华书局
	(北京市丰台区太平桥西里 38 号　100073)
	http://www.zhbc.com.cn
	E-mail:zhbc@zhbc.com.cn
印　　刷	三河市宏达印刷有限公司
版　　次	2007 年 8 月第 1 版
	2024 年 12 月第 27 次印刷
规　　格	开本/700×1000 毫米　1/16
	印张 10¼　字数 122 千字
印　　数	139001-142000 册
国际书号	ISBN 978-7-101-05737-9
定　　价	24.00 元

"跟大师学语文"丛书

出版说明

这套丛书此次共收录了《文章作法》、《文话七十二讲》、《文章讲话》、《怎样写作》和《语文随笔》五本关于语文学习的指导性名著。它们的作者就是著名的语文教育大师夏丏尊、叶圣陶先生。这就是丛书名的由来。

夏丏尊先生(1886—1946)和叶圣陶先生(1894—1988)是我国著名的教育家和文学家,他们都把毕生精力投入祖国的新文化建设和教育事业之中。尤其是在上个世纪的三十年代,身为开明书店总编辑的夏丏尊先生创办了《中学生》杂志,叶圣陶先生任杂志主编。这本杂志以先进的文化思想、丰富的科学知识教育中学生,在中国语文教学方面,下力尤深,成果卓著,被几代中学生视作良师益友,在文化界、教育界和出版界有口皆碑。多年的教学实践和理性思考,使他们在中学语文教学的各个方面都有突出的建树,留下许多精彩的著作,这套丛书选录的就是其中的精粹。

《文章作法》由开明书店初版于1922年。其原型是夏丏尊先生在长沙第一师范和白马湖春晖中学的讲义稿,后经教育家刘薰宇先生(1894—1967)结合自己的教学实践修改编辑而最后成书。其特点是根据不同的文体,着重介绍语文知识和写作技巧,便于中学生提高实际写作能力。

《文话七十二讲》则源自于夏丏尊、叶圣陶先生编的《国文百八课》。上世纪三十年代,两位先生因不满当时的语文教学和使用的课本"缺乏客观具体的科学性",着手编撰了一套供初中学生使用的语文教材。因初中共六个学期,每学期上课十八周,一共一百零八周,所以这套按照一百零八周来顺序设计教学内容的课本,就定名为"国文百八课"。每一课包括"文话"(阅读写作指导)、"选文"、"文法修辞常识"和"习问"(练习和问题)四部分,形成一套完整科学的初中语文教学体系。可惜因抗日战争爆发,《国文百八课》只出版了四册,成七十二课,就不得不中断了。吕叔湘先生认为,这套课本的"最大特色"同时也是"编者用力最多的部分",就是"文话"。所以,这本《文话七十二讲》就是从《国文百八课》中抽出的单行本。用七十二个主题,分别结合阅读,主讲文章的写作方法。

《文章讲话》一书收录了夏丏尊、叶圣陶两位先生有关文章写作的十篇文字。前七篇是1935—1937年在《中学生》杂志《文章偶话》栏目中连载的;后三篇是夏先生利用1937年暑假赶写的,但因上海"八·一三"抗战爆发,而未能刊登。直到1938年,开明书店才结集出版。

《怎样写作》是叶圣陶先生有关写作的文章专集,共收录了二十一篇长短文字。他集数十年写作经验,多角度多侧面地讲述了写作成功的诀窍和失败的根源,精义迭出。

《语文随笔》则是叶圣陶先生有关中学语文教学的随笔集,共收录了十四篇文章，能够比较完整地体现叶圣陶先生关于语文教学的看法和见解。

这五本书虽然绝大部分完成于上世纪前半叶，而且篇幅都不大，但毫无疑问都是中学语文教学的经典，就像朱自清先生对《文心》的评价一样，"不独是中学生的书，也是中学教师的书"，而且常读常新，对于当前的语文教学更具有极大的启发性。经典是不会过时的。

最后需要说明的是，夏丏尊、叶圣陶两位先生写作的《文心》（开明书店1934年出版）也是应该收入此套丛书的，但因目前版权问题尚未解决，故此次出版只能暂且割爱了。

中华书局编辑部
2007 年 7 月

目 录

目 录

作文论 *

一　引　言

　　人类是社会的动物，从天性上，从生活的实际上，有必要把自己的观察、经验、理想、情绪等等宣示给人们知道，而且希望愈广遍愈好。有的并不是为着实际的需要，而是对于人间的生活、关系、情感，或者一己的遭历、情思、想像等等，发生一种兴趣，同时彷佛感受一种压迫，非把这些表现成为一个完好的定形不可。根据这两个心理，我们就要说话、歌唱，做出种种动作，创造

　　＊　《作文论》，一九二四年四月由商务印书馆印行单行本，列为百科小丛书第四十八种。后收入《万有文库》第一集，于一九二九年十月出版。署名叶绍钧。

　　按：上海亚细亚书局曾于一九三五年九月出版过一本《作文概说》，也署名叶绍钧。那是出版者借用了"叶绍钧"这个名字，该书作者实际是另一个人。

种种艺术;而效果最普遍、使用最利便的,要推写作。不论是愚者或文学家,不论是什么原料什么形式的文字,总之,都是由这两个心理才动手写作,才写作成篇的。当写作的时候,自然起一种希望,就是所写的恰正宣示了所要宣示的,或者所写的确然形成了一个完好的定形。谁能够教我们实现这种希望?只有我们自己,我们自己去思索关于作文的法度、技术等等问题,有所解悟,自然每逢写作,无不如愿了。

但是,我们不能只思索作文的法度、技术等等问题,而不去管文字的原料——思想、情感等等问题,因为我们作文,无非想着这原料是合理,是完好,才动手去作的。而这原料是否合理与完好,倘若不经考定,或竟是属于负面的也未可知,那就尽管在法度、技术上用工夫,也不过虚耗心力,并不能满足写作的初愿。因此,我们论到作文,就必须连带地论到原料的问题。思想构成的径路,情感凝集的训练,都是要讨究的。讨究了这些,才能够得到确是属于正面的原料,不致枉费写作的劳力。

或许有人说:"这样讲,把事情讲颠倒了。本来思想情感是目的,而作文是手段,现在因作文而去讨究思想、情感,岂不是把它们看做作文的手段了么?"固然,思想、情感是目的,是全生活里的事情,但是,要有充实的生活,就要有合理与完好的思想、情感;而作文,就拿这些合理与完好的思想、情感来做原料。思想、情感的具体化完成了的时候,一篇文字实在也就已经完成了,馀下的只是写下来与写得适当不适当的问题而已。我们知道有了优美的原料可以制成美好的器物,不曾见空恃技巧却造出好的器物来。所以必须探到根本,讨究思想、情感的事,我们这工作才得圆满。顺着自然的法则,应当是这么讨究的,不能说这是目的手段互相颠倒。

所以在这本小书里,想兼论"怎样获得完美的原料"与"怎样把原料写作成文字"这两个步骤。

　　这个工作不过是一种讨究而已,并不能揭示一种惟一的固定的范式,好像算学的公式那样。它只是探察怎样的道路是应当遵循的,怎样的道路是能够实现我们的希望的;道路也许有几多条,只要可以达到我们的目的地,我们一例认为有遵循的价值。

　　至于讨究的方法,不外本之于我们平时的经验。自己的,他人的,一样可以用来作根据。自己或他人曾经这样地作文而得到很好的成绩,又曾经那样地作文而失败了,这里边一定有种种的所以然。如能寻出一个所以然,我们就探见一条道路了。所以我们应当寻得些根据(生活里的情况与名作家的篇章一样地需要),作我们讨究的材料。还应当排除一切固执的成见与固袭的教训,运用我们的智慧,很公平地从这些材料里做讨究的工夫,以探见我们的道路。这样,纵使所得微少,不过一点一滴,而因为得诸自己,将永远是我们的财宝,终身用之而不竭;何况我们果能努力,所得未必仅止一点一滴呢?

　　凡事遇到需求,然后想法去应付,这是通常的自然的法则。准此,关于作文的讨究似应在有了写作需要之后,没有写作需要的人便不用讨究。但是我们决不肯这样迟钝,我们能够机警地应付。凡是生活里重要的事情,我们总喜欢一壁学习一壁应用,非特不嫌多事,而且务求精详。随时是学,也随时是用。各学科的成立以此;作文的所以成为一个题目,引起我们讨究的兴趣,并且鼓动我们练习的努力,也以此。何况"想要写作"真是个最易萌生的欲望,差不多同想吃想喝的欲望一样。今天尚未萌生的,说不定明天就会萌生;有些人早已萌生,蓬蓬勃勃地几乎不可遏止了;又有些人因为不可遏止,已经做了许多回写作这件事了。不论是事先的准备,或是当机的应付,或是过后的衡量,只要是希望满足写作的愿望的,都得去做一番作文的讨究的工夫。可以说这也是生活的一个基本条件。

　　再有一个应当预先解答的问题,就是:"这里所讨究的到底指普通文而言还是指文学而言?"这是一个很容易发生的疑问,又是一个不用提出的疑问。普通文与文学,骤然看来似乎是两件东西;而究实细按,则觉它们的界限很不清楚,不易判然划分。若论它们的原料,都是思想、情感。若论技术,普通文要把原料表达出来,而文学也要把原料表达出来。曾经有许多人给文学下过很细密很周详的界说,但是这些条件未尝不是普通文所期望的。若就成功的程度来分说,"达意达得好,表情表得妙,便是文学",①则是批评者的眼光中才有这程度相差的两类东西。在作者固没有不想竭其所能,写作最满意的文字的;而成功的程度究竟怎样,则须待完篇以后的评衡,又从哪里去定出所作的是什么文而后讨究其作法?况且所谓好与妙又是很含糊的,到什么程度才算得好与妙呢?所以说普通文与文学的界限是很不清楚的。

　　又有一派的意见,以为普通文指实用的而言。这样说来,从反面着想,文学是非实用的了。可是实用这个词能不能做划分的标准呢?在一般的见解,写作一篇文字,发抒一种情绪,描绘一种景物,往往称之为文学。然而这类文字,在作者可以留迹象,取快慰,在读者可以兴观感,供参考,何尝不是实用?至于议论事情、发表意见的文字,往往被认为应付实际的需用的。然而自古迄今,已有不少这类的文字被认为文学了。实用这个词又怎能做划分的标准呢?

　　既然普通文与文学的界限不易划分,从作者方面想,更没有划分的必要。所以这本小书,不复在标题上加什么限制,以示讨究的是凡关于作文的事情。不论想讨究普通文或文学的写作,都可以从这里得到一点益处,因为我们始终承认它们的划分是模糊的,泉源只是一个。

二　诚实的自己的话

我们试问自己，最爱说的是哪一类的话？这可以立刻回答，我们爱说必要说的与欢喜说的话。语言的发生本是为着要在人群中表白自我，或者要鸣出内心的感兴。顺着这两个倾向的，自然会不容自遏地高兴地说。如果既不是表白，又无关感兴，那就不必鼓动唇舌了。

作文与说话本是同一目的，只是所用的工具不同而已。所以在说话的经验里可以得到作文的启示。倘若没有什么想要表白，没有什么发生感兴，就不感到必要与欢喜，就不用写什么文字。一定要有所写才写。若不是为着必要与欢喜，而勉强去写，这就是一种无聊又无益的事。

勉强写作的事确然是有的，这或者由于作者的不自觉，或者由于别有利用的心思，并不根据所以要写作的心理的要求。有的人多读了几篇别人的文字，受别人的影响，似乎觉得颇欲有所写了；但是写下来的与别人的文字没有两样。有的人存着利用的心思，一定要写作一些文字，才得达某种目的；可是自己没有什么可写，不得不去采取人家的资料。像这样无意的与有意的勉强写作，犯了一个相同的弊病，就是模仿。这样说，无意而模仿的人固然要出来申辩，说他所写的确然出于必要与欢喜；而有意模仿的人或许也要不承认自己的模仿。但是，有一个尺度在这里，用它一衡量，模仿与否将不辩而自明，这个尺度就是："这文字里的表白与感兴是否确实是作者自己的？"拿这个尺度衡量，就可见前者与后者都只是复制了人家现成的东西，作者自己并不曾拿出什么来。不曾拿出什么来，模仿的讥评当然不能免了。至此，无意而模仿的人就会爽然自失，感到这必要并非真的必要，欢喜其实无可欢喜，又何必定要写作呢？而有意模仿的人想到写作的本意，为葆爱这

种工具起见,也将遏抑利用的心思。直到确实有了自己的表白与感兴才动手去写。

像那些著述的文字,是作者潜心研修,竭尽毕生精力,获得了一种见解,创成了一种艺术,然后写下来的,写的自然是自己的东西。但是人间的思想、情感往往不甚相悬;现在定要写出自己的东西,似乎他人既已说过的,就得避去不说,而要去找人家没有说过的来说。这样,在一般人岂不是可说的话很少了么?其实写出自己的东西并不是这个意思;按诸实际,也决不能像这个样子。我们说话、作文,无非使用那些通用的言词;至于原料,也免不了古人与今人曾经这样那样运用过了的,虽然不能说决没有创新,而也不会全部是创新。但是,我们要说这席话,写这篇文,自有我们的内面的根源,并不是完全被动地受了别人的影响,也不是想利用来达到某种不好的目的。这内面的根源就与著述家所获得的见解、所创成的艺术有同等的价值。它是独立的;即使表达出来恰巧与别人的雷同,或且有意地采用了别人的东西,都不应受到模仿的讥评;因为它自有独立性,正如两人面貌相似、性情相似,无碍彼此的独立,或如生物吸收了种种东西营养自己,却无碍自己的独立。所以我们只须自问有没有话要说,不用问这话是不是人家说过。果真确有要说的话,用以作文,就是写出自己的东西了。

更进一步说,人间的思想、情感诚然不甚相悬,但也决不会全然一致。先天的遗传,后天的教育,师友的熏染,时代的影响,都是酿成大同中的小异的原因。原因这么繁复,又是参伍错综地来的,这就形成了各人小异的思想、情感。那么,所写的东西只要是自己的,实在很难得遇到与人家雷同的情形。试看许多文家一样地吟咏风月,描绘山水,会有不相雷同而各极其妙的文字,就是很显明的例了。原来他们不去依傍别的,只把自己的心去对着风月山水;他们又绝对不肯勉强,必须有所写才写;主观的情思与客观的景

物糅和,组织的方式千变万殊,自然每有所作都成独创了。虽然他们所用的大部份也只是通用的言词,也只是古今人这样那样运用过了的,而这些文字的生命是由作者给与的,终竟是惟一的独创的东西。

讨究到这里,可以知道写出自己的东西是什么意义了。

既然要写出自己的东西,就会连带地要求所写的必须是美好的:假若有所表白,这当是有关于人间事情的,则必须合于事理的真际,切乎生活的实况;假若有所感兴,这当是不倾吐不舒快的,则必须本于内心的郁积,发乎情性的自然。这种要求可以称为"求诚"。试想假如只知写出自己的东西而不知求诚,将会有什么事情发生?那时候,臆断的表白与浮浅的感兴,因为无由检验,也将杂出于笔下而不自觉知。如其终于不觉知,徒然多了这番写作,得不到一点效果,已是很可怜悯的。如其随后觉知了,更将引起深深的悔恨,以为背于事理的见解怎能够表白于人间,贻人以谬误,浮荡无着的偶感怎值得表现为定形,耗己之劳思呢?人不愿陷于可怜的境地,也不愿事后有什么悔恨,所以对于自己所写的文字,总希望确是美好的。

虚伪、浮夸、玩戏,都是与诚字正相反对的。在有些人的文字里,却犯着虚伪、浮夸、玩戏的弊病。这个原因同前面所说的一样,有无意的,也有有意的。譬如论事,为才力所限,自以为竭尽智能,还是得不到真际。就此写下来,便成为虚伪或浮夸了。又譬如抒情,为素养所拘,自以为很有价值,但其实近于恶趣。就此写下来,便成为玩戏了。这所谓无意的,都因有所蒙蔽,遂犯了这些弊病。至于所谓有意的,当然也如上文所说的那样怀着利用的心思,借以达某种的目的。或者故意颠倒是非,希望淆惑人家的听闻,便趋于虚伪;或者谀墓、献寿,必须彰善颂美,便涉于浮夸;或者作书牟利,迎合人们的弱点,便流于玩戏。无论无意或有意犯着这些弊病,都是学行上的缺失,生活上的污点。假如他们能想一想是谁作文,作文应当是怎样的,便将

汗流被面,无地自容,不愿再担负这种缺失与污点了。

我们从正面与反面看,便可知作文上的求诚实含着以下的意思:从原料讲,要是真实的、深厚的,不说那些不可征验、浮游无着的话;从写作讲,要是诚恳的、严肃的,不取那些油滑、轻薄、卑鄙的态度。

我们作文,要写出诚实的、自己的话。

三　源　头

"要写出诚实的、自己的话",空口念着是没用的,应该去寻到它的源头,有了源头才会不息地倾注出真实的水来。从上两章里,我们已经得到暗示,知道这源头很密迩,很广大,不用外求,操持由己,就是我们的充实的生活。生活充实,才会表白出、发抒出真实的深厚的情思来。生活充实的涵义,应是阅历得广,明白得多,有发现的能力,有推断的方法,情性丰厚,兴趣饶富,内外合一,即知即行,等等。到这地步,会再说虚妄不诚的话么? 我们欢喜读司马迁的文,认他是大文家,而他所以致此,全由于修业、游历以及伟大的志操。我们欢喜咏杜甫的诗,称他是大诗家,而他所以致此,全由于热烈的同情与高尚的人格。假若要找反面的例,要找一个生活空虚的真的文家,我们只好说无能了。

生活的充实是没有止境的,因为这并非如一个瓶罐,有一定的容量,而是可以无限地扩大,从不嫌其过大过充实的。若说要待充实到极度之后才得作文,则这个时期将永远不会来到。而写作的欲望却是时时会萌生的,难道悉数遏抑下去么? 其实不然。我们既然有了这生活,就当求它充实(这是论理上的话,这里单举断案,不复论证)。在求充实的时候,也正就是生活着的时候,并不分一个先,一个后,一个是预备,一个是实施。从这一点可以推

知只要是向着求充实的路的,同时也就不妨作文。作文原是生活的一部份。我们的生活充实到某程度,自然要说某种的话,也自然能说某种的话。譬如孩子,他熟识了人的眨眼,这回又看见星的妙美的闪耀,便高兴地喊道:"星在向我眨眼了。"他运用他的观察力、想像力,使生活向着充实的路,这时候自然要倾吐这么一句话,而倾吐出来的又恰好表达了他的想像与欢喜。大文家写出他每一篇名作,也无非是这样的情形。

所以我们只须自问,我们的生活是不是在向着求充实的路上? 如其是的,那就可以绝无顾虑,待写作的欲望兴起时,便大胆地、自信地写作。因为欲望的兴起这么自然,原料的来源这么真切,更不用有什么顾虑了。我们最当自戒的就是生活沦没在虚空之中,内心与外界很少发生关系,或者染着不正当的习惯,却要强不知以为知,不能说、不该说而偏要说。这譬如一个干涸的源头,哪里会倾注出真实的水来? 假若不知避开,唯有陷入模仿、虚伪、浮夸、玩戏的弊病里罢了。

要使生活向着求充实的路,有两个致力的目标,就是训练思想与培养情感。从实际讲,这二者也是互相联涉,分割不开的。现在为论列的便利,姑且分开来。看它们的性质,本应是一本叫作《做人论》里的章节。但是,因为作文是生活的一部份,所以它们也正是作文的源头,不妨在这里简略地讨究一下。

请先论训练思想。杜威一派的见解以为"思想的起点是实际上的困难,因为要解决这种困难,所以要思想;思想的结果,疑难解决了,实际上的活动照常进行;有了这一番思想作用,经验更丰富一些,以后应付疑难境地的本领就更增长一些。思想起于应用,终于应用;思想是运用从前的经验来帮助现在的生活,更预备将来的生活"。[2]这样的思想当然会使生活的充实性无限地扩大开来。它的进行顺序是这样:"(一)疑难的境地;(二)指定疑难之点

究竟在什么地方;(三)假定种种解决疑难的方法;(四)把每种假定所涵的结果一一想出来,看哪一个假定能够解决这个困难;(五)证实这种解决使人信用,或证明这种解决的谬误,使人不信用。"③在这个顺序里,这第三步的"假设"是最重要的,没有它就得不到什么新东西。而第四、第五步则是给它加上评判和验证,使它真能成为生活里的新东西。所以训练思想的涵义,"是要使人有真切的经验来作假设的来源;使人有批评、判断种种假设的能力;使人能造出方法来证明假设的是非真假"。④

至此,就得归根到"多所经验"上边去。所谓经验,不只是零零碎碎地承受种种见闻接触的外物,而是认清楚它们,看出它们之间的关系,使成为我们所有的东西。不论愚者和智者,一样在生活着,所以各有各的自得的经验。各人的经验有深浅广狭的不同。所谓愚者,只有很浅很狭的一部份,仅足维持他们的勉强的生活;除此以外就没有什么了。这个原因当然在少所接触;而接触的多少不在乎外物的来不来,乃在乎主观的有意与无意;无意应接外物,接触也就少了。所以我们要经验丰富,应该有意地应接外物,常常持一种观察的态度。这样,将见环绕于四围的外物非常多,都足以供我们认识、思索,增加我们的财富。我们运用着观察力,明白它们外面的状况以及内面的情形,我们的经验就无限地扩大开来。譬如对于一个人,如其不加观察,摩肩相值,瞬即东西,彼此就不相关涉了。如其一加观察,至少这个人的面貌、姿态在意念中留下一个印象。若进一步与他结识,更可以认识他的性情,品格。这些决不是无益的事,而适足以使我们获得关于人的种种经验,于我们持躬论人都有用处。所以随时随地留意观察,是扩充经验的不二法门。由多所观察,方能达到多所经验。经验愈丰富,则思想进行时假设的来源愈广,批评、判断种种假设的能力愈强,造出方法以证明假设的是非真假也愈有把握。

假如我们作文是从这样的源头而来的，便能表达事物的真际，宣示切实的意思，而且所表达、所宣示的也就是所信从、所实行的，所以内外同致，知行合一。写出诚实的话不是做到了么？

其次，论培养情感。遇悲喜而生情，触佳景而兴感，本来是人人所同的。这差不多是莫能自解的，当情感兴起的时候，浑然地只有这个情这个感，没有工夫再去剖析或说明。待这时候已过，才能回转去想。于是觉得先前的时候悲哀极了或者喜悦极了，或者欣赏了美的东西了。情感与经验有密切的关系。它能引起种种机会，使我们留意观察，设法试证，以获得经验；它又在前面诱导着，使我们勇往直进，全心倾注，去享用经验。它给我们极大的恩惠，使我们这世界各部互相关联而且固结不解地组织起来；使我们深入生活的核心，不再去计较那些为什么而生活的问题。它是粘力，也是热力。我们所以要希求充实的生活，而充实的生活的所以可贵，浅明地说，也就只为我们有情感。

情感的强弱周偏各人不同。有些人对于某一小部份的事物则倾致他们的情感，对其它事物则不然。更有些人对于什么都淡漠，不从这方面倾致，也不从那方面倾致，只是消极地对待，觉得什么东西总辨不出滋味，一切都是无边的空虚，世界是各不相关联的一堆死物，生活是无可奈何的消遣。所以致此的原因，在于与生活的核心向来不曾接近过，永久是离开得远远；而所以离开，又在于不多观察，少具经验，缺乏切实的思想能力。（因此，在前面说思想情感是"互相联涉，分割不开的"，原来是这如环无端，迭为因果的呵。）于此可见我们如不要陷入这一路，就得从经验、思想上着手。有了真切的经验、思想，必将引起真切的情感；成功则喜悦，失败则痛惜，不特限于一己，对于他人也会兴起深厚的同情。而这喜悦之情的享受与痛惜之后的奋发，都足以使生活愈益充实。人是生来就怀着情感的核的，果能好好培

养,自会抽芽舒叶,开出茂美的花,结得丰实的果。生活永远涵濡于情感之中,就觉这生活永远是充实的。

现在回转去论到作文。假如我们的情感是在那里培养着的,则凡有所写,都属真情实感;不是要表现于人前,便是吐其所不得不吐。写出诚实的话不是做到了么?

我们要记着,作文这件事离不开生活,生活充实到什么程度,才会做成什么文字。所以论到根本,除了不间断地向着求充实的路走去,更没有可靠的预备方法。走在这条路上,再加写作的法度、技术等等,就能完成作文这件事了。

必须寻到源头,方有清甘的水喝。

四　组　织

我们平时有这么一种经验:有时觉得神思忽来,情意满腔,自以为这是值得写而且欢喜写的材料了。于是匆匆落笔,希望享受成功的喜悦。孰知成篇以后,却觉这篇文字并不就是我所要写的材料,先前的材料要胜过这成篇的文字百倍呢。因此爽然自失,感到失败的苦闷。刘勰说:"方其搦翰,气倍辞前;暨乎篇成,半折心始。何则?意翻空而易奇,言征实而难巧也。"⑤他真能说出这种经验以及它的由来。从他的话来看,可知所以致此,一在材料不尽结实,一在表达未得其道。而前者更重于后者。表达不得当,还可以重行修改;材料空浮,那就根本上不成立了。所以虽然说,如其生活在向着求充实的路上,就可以绝无顾虑,待写作的欲望兴起时,便大胆地、自信地写作,但不得不细心地、周妥地下一番组织的工夫。既经组织,假如这材料确是空浮的,便立刻会觉察出来,因而自愿把写作的欲望打消了。假如并非空

浮,只是不很结实,那就可以靠着组织的功能,补充它的缺陷。拿什么来补充呢? 这惟有回到源头去,仍旧从生活里寻找,仍旧从思想、情感上着手。

有人说,文字既然源于生活,则写出的时候只须顺着思想、情感之自然就是了。又说组织,岂非多事? 这已在前面解答了,材料空浮与否,结实与否,不经组织,将无从知晓,这是一层。更有一层,就是思想、情感之自然未必即与文字的组织相同。我们内蓄情思,往往于一刹那间感其全体;而文字必须一字一句连续而下,彷佛一条线索,直到终篇才会显示出全体。又,蓄于中的情思往往有累复、凌乱等等情形;而形诸文字,必须不多不少、有条有理才行。因此,当写作之初,不得不把材料具体化,使成为可以独立而且可以照样拿出来的一件完美的东西。而组织的工夫就是要达到这种企图。这样才能使写出来的正就是所要写的;不致被"翻空"的意思所引诱,徒然因"半折心始"而兴叹。

所以组织是写作的第一步工夫。经了这一步,材料方是实在的,可以写下来,不仅是笼统地觉得可以写下来。经过组织的材料就譬如建筑的图样,依着兴筑,没有不成恰如图样所示的屋宇的。

组织到怎样才算完成呢? 我们可以设一个譬喻,要把材料组成一个圆球,才算到了完成的地步。圆球这东西最是美满,浑凝调合,周遍一致,恰是一篇独立的、有生命的文字的象征。圆球有一个中心,各部份都向中心环拱着。而各部份又必密合无间,不容更动,方得成为圆球。一篇文字的各部份也应环拱于中心(这是指所要写出的总旨,如对于一件事情的论断,蕴蓄于中而非吐不可的情感之类),为着中心而存在。而且各部份应有最适当的定位列次,以期成为一篇圆满的文字。

至此,我们可以知道组织的着手方法了。为要使各部份环拱于中心,就得致力于剪裁。为要使各部份密合妥适,就得致力于排次。把所有的材料

逐部审查,而以是否与总旨一致为标准,这时候自然知所去取,于是检定一致的、必要的,去掉不一致的、不切用的,或者还补充上遗漏的、不容少的,这就是剪裁的工夫。经过剪裁的材料方是可以确信的需用的材料。然后把材料排次起来,而以是否合于论理上的顺序为尺度,这时候自然有所觉知。于是让某部居开端,某部居末梢,某部与某部衔接;而某部与某部之间如其有复叠或罅隙,也会发现出来,并且知道应当怎样去修补。到这地步,材料的具体化已经完成了;它不特是成熟于内面的,而且是可以照样宣示于外面的了。

一篇文字的所以独立,不得与别篇合并,也不得剖分为数篇,只因它有一个总旨,它是一件圆满的东西,据此以推,则篇中的每一段虽是全篇的一部份,也必定自有它的总旨与圆满的结构,所以不能合并,不能剖分,而为独立的一段。要希望一段果真达到这样子,当然也得下一番组织的工夫,就一段内加以剪裁与排次。逐段经过组织,逐段充分健全,于是有充分健全的整篇了。

若再缩小范围,每节的对于一段,每句的对于一节,也无非是这样情形。惟恐不能尽量表示所要写出的总旨,所以篇、段、节、句都逐一留意组织。到每句的组织就绪,作文的事情也就完毕了。因此可以说,由既具材料到写作成篇,只是一串组织的工夫。

要实行这种办法,最好先把材料的各部份列举出来,加以剪裁,更为之排次,制定一个全篇的纲要。然后依着写作,同时再注意于每节每句的组织。这样才是有计划有把握的作文;别的且不讲,至少可免"暨乎篇成,半折心始"的弊病。

或以为大作家写作,可无须组织,纯任机缘,便成妙文。其实不然。大作家技术纯熟,能在意念中组织,甚且能不自觉地组织,所谓"腹稿",所谓

"宿构",便是;而决非不须组织。作文的必须组织,正同作事的必须筹划一样。

五 文 体

写作文字,因所写的材料与要写作的标的不同,就有体制的问题。文字的体制,自来有许多分类的方法。现存的最古的总集要推萧统的《文选》,这部书的分类杂乱而琐碎,不足为据。近代完善的总集要数姚鼐的《古文辞类纂》,分文字为十三类。⑥这十三类或以文字写列的地位来立类,⑦或以作者与读者的关系来立类,⑧或又以文字的特别形式来立类,⑨标准纷杂,也不能使我们满意。

分类有三端必须注意的:一要包举,二要对等,三要正确。包举是要所分各类能够包含该事物的全部份,没有遗漏;对等是要所分各类性质上彼此平等,决不能以此涵彼;正确是要所分各类有互排性,决不能彼此含混。其次须知道要把文字分类,当从作者方面着想,就是看作者所写的材料与要写作的标的是什么,讨究作文,尤其应当如此。我们知道论辨文是说出作者的见解,而序跋文也无非说出作者对于某书的见解,则二者不必判分了。又知道颂赞文是倾致作者的情感,而哀祭文也无非倾致作者对于死者的情感,则二者可以合并了。我们要找到几个本质上的因素,才可确切地定下文字的类别。

要实现上面这企图,可分文字为叙述、议论、抒情三类。这三类所写的材料不同,要写作的标的不同,既可包举一切的文字,又复彼此平等,不相含混,所以可认为本质上的因素。叙述文的材料是客观的事物(有的虽也出自虚构,如陶潜的《桃花源记》之类,但篇中人、物、事实所处的地位实与实有的

客观的无异），写作的标的在于传述。议论文的材料是作者的见解，写作的标的在于表示。抒情文的材料是作者的情感，写作的标的在于发抒。

要指定某文属某类，须从它的总旨看。若从一篇的各部份看，则又往往见得一篇而兼具数类的性质。在叙述文里，常有记录人家的言谈的，有时这部份就是议论。⑩在议论文里，常有列举事实作例证的，这等部份就是叙述。⑪在抒情文里，因情感不可无所附丽，常要借述说或推断以达情，这就含有叙述或议论的因素了。⑫像这样参伍错综的情形是常例，一篇纯粹是叙述、议论或抒情的却很少。但只要看全篇的总旨，它的属类立刻可以确定。虽然所记录的人家的言谈是议论，而作者只欲传述这番议论，所以是叙述文。虽然列举许多事实是叙述，而作者却欲借此表示他的见解，所以是议论文。虽然述说事物、推断义理是叙述与议论，而作者却欲因以发抒他的情感，所以是抒情文。

文字既分为上述的三类，从写作方面讲，当然分为叙述、议论、抒情三事。这些留在以后的几篇里去讨究，在这里先论这三事相互间的关系。

第一，叙述是议论的基本，议论是从叙述进一步的工夫。因为议论的全部的历程就是思想的历程，必须有根据，才能产生假设，并且证明假设；所根据的又必须是客观的真实，方属可靠。而叙述的任务就在说出客观的真实。所以议论某项事物，须先有叙述所根据的材料的能力；换一句说，就是对于所根据的材料认识得正确清楚；即使不必把全部写入篇中，而意念中总须能够全部叙述。不然，对于所根据的材料尚且弄不明白，怎能议论呢？不能议论而勉强要议论，所得的见解不是沙滩上的建筑么？写作文字，本乎内面的欲求，有些时候，叙述了一些事物就满足了，固不必再发什么议论。但发议论必须有充分的叙述能力做基本，叙述与议论原来有这样的关系。

第二，叙述、议论二事与抒情，性质上有所不同。叙述或议论一事，意在

说出这是这样子或者这应当是这样子。看这类文字的人只要求知道这是这样子或者这应当是这样子。一方面说出,一方面知道,都站在自己的静定的立足点上。这样的性质偏于理知。至于抒情,固然也是说出这是这样子或者这应当是这样子,但里面有作者心理上的感受与变动做灵魂。看这类文字的人便不自主地心理上起一种共鸣作用,也有与作者同样的感受与变动。一方面兴感,一方面被感,都足使自己与所谓这是这样子或者这应当是这样子融合为一。这样的性质偏于情感。若问抒情何以必须借径于叙述、议论而不径直发抒呢?这从心理之自然着想,就可以解答了。我们决没有虚悬无着的情感;事物凑合,境心相应,同时就觉有深浓的情感凝集拢来。所以抒情只须把事物凑合,境心相应的情况说出来。这虽然一样是叙述、议论的事,但已渗入了作者的情感,抒情化了。若说径直发抒,这样就是径直发抒。否则只有去采用那些情感的词语,如哀愁、欢乐之类。就是写上一大串,又怎样发抒出甚么呢?

六 叙 述^⑬

供给叙述的材料是客观的事物,上章既已说过了。所谓客观的事物包含得很广,凡物件的外形与内容,地方的形势与风景,个人的状貌与性情,事件的原委与因果,总之离开作者而依然存在的,都可以纳入。在这些里面,可以分为外显的与内涵的两部:如外形、形势、状貌等,都是显然可见的;而内容的品德、风景的佳胜、性情的情状、原委因果的关系等都是潜藏于内面的,并不能一望而知。

要叙述事物,必须先认识它们,了知它们。这惟有下工夫去观察。观察的目标在得其真际,就是要观察所得的恰与事物的本身一样。所以当排除

一切成见与偏蔽,平心静气地与事物接触。对于事物的外显的部份固然视而可见,察而可知,并不要多大的能耐,对于内涵的部份也要认识得清楚了,了知得明白,就不很容易了。必须审查周遍,致力精密,方得如愿以偿。其中尤以观察个人的性情与事件的原委、因果为最难。

个人的性情,其实就是这个人与别人的不同处;即非大不相同,也应是微异处。粗略地观察,好像人类性情是共通的,尤其在同一时代同一社会的人是这样。但再进一步,将见人与人只相类似而决非共通。因为类似,定有不同之点。不论是大不同或者微异,这就形成各人特有的个性。非常人如此,平常人也如此。所以要观察个人的性情,宜从他与别人不同的个性着手。找到他的个性,然后对于他的思想言动都能举约御繁,得到相当的了解。

简单的事件,一切经过都在我们目前,这与外显的材料不甚相差,尚不难观察。复杂的事件经过悠久的时间,中间包含许多的人,他们分做或合做了许多的动作,这样就成为一组的事,互相牵涉,不可分割。要从这里边观察,寻出正确的原委、因果,岂非难事?但是凡有事件必占着空间与时间。而且凡同一时间所发生的事件,空间必不相同;同一空间所发生的事件,时间必不相同。能够整理空间时间的关系,原委、因果自然会显露出来了。所以要观察复杂的事件,宜从空间时间的关系入手。

我们既做了观察的工夫,客观的事物就为我们所认识、所了知了,如实地写录下来,便是叙述。也有一类叙述的文字是出于作者的想像的,这似乎与叙述必先观察的话不相应了。其实不然。想像不过把许多次数、许多方面观察所得的融和为一,团成一件新的事物罢了。假若不以观察所得的为依据,也就无从起想像作用。所以虚构的叙述也非先之以观察不可。

我们平时所观察的事物是很繁多的。要叙述出来,不可不规定一个范

围。至若尚待临时去观察的,尤须划出范围,致力方能精审。划范围的标准就是要写作的总旨:要记下这件东西的全部,便以这件东西的全部为范围;要传述这人所作的某事,便以某事为范围;这是极自然的事,然而也是极重要的事。范围规定之后,才能下组织的工夫,剪裁与排次才有把握。凡是不在这范围以内的,就是不必叙述的,若偶有杂入,便当除去。而在范围以内的,就是必须叙述的,若尚有遗漏,便当补充。至于怎样排次才使这范围以内的事物完满叙出,也可因以决定。假如不先规定范围,材料杂乱,漫无中心,决不能写成一篇完整的文字。犯这样弊病的并不是没有,其故在忘记了要写作的总旨。只须记着总旨,没有不能规定所写材料的范围的。

假若规定以某事物的全部为范围而加以叙述,则可用系统的分类方法。把主从轻重先弄明白;再将主要的部份逐一分门立类,使统率其馀的材料。这样叙述,有条有理,细大不遗,就满足了我们的初愿了。[14]使我们起全部叙述的意念的材料,它的性质往往是静定的,没有什么变化;它的范围又出于本然,只待我们认定,不待我们界划。静定而不变化,则观察可以纤屑无遗;范围自成整个,则观察可以不生混淆。既如此,应用系统的分类叙述,自然能够胜任愉快了。

有些时候,虽然也规定以某事物的全部为范围,而不能逐一遍举;则可把它分类,每类提出要领以概其馀。只要分类正确,所提出的要领决然可以概括其馀的材料。这样,虽不遍举,亦叙述了全部了。[15]

更有些时候,并不要把事物的全部精密地叙述出来,只须有一个大略(但要确实是全部的大略),则可用鸟瞰的眼光把各部份的位置以及相互的关系弄清楚,然后叙述。只要瞻瞩得普遍,提挈得得当,自能得一个全部的影子。[16]

至于性质多变化,范围很广漠的材料,假如也要把全部份纤屑不遗、提

纲挈领地叙述下来,就有点不可能了。然而事实上也决不会起这种意念;如欲叙述一个人,决不想把他每天每刻的思想言动叙下来;叙述一件事,决不想把它时时刻刻的微细经过叙下来;很自然地,只要划出一部份来做叙述的范围,也就满足了。范围既已划定,就认这部份是中心,必须使它十分圆满。至若其馀的部份,或者带叙以见关系,或者以其不需要而不加叙述。这是侧重的方法。⑰大部份的叙述文都是用这个方法写成的。这正如画家的一幅画,只能就材料丰富、顷刻迁变的大自然中,因自己的欢喜与选择,描出其中一部份的某一时令间的印象。虽说"只能"但是在画家也满足了。

以上所述,叙述的范围始终只是一个。所以作者的观点也只须一个;或站在旁侧,或升临高处,或精密地观察局部,或大略地观察全体,不须移动,只把从这观点所见的叙述出来就是了。但是有时候我们想叙述一事物的几方面或几时期,那就不能只划定一个范围,须得依着方面或时期划定几个范围。于是我们的观点就跟着移动,必须站在某一个适宜的观点上,才能叙述出某一范围的材料而无遗憾。这犹如要画长江沿途的景物,非移舟前进不可;又如看活动电影,非跟着戏剧的进行,一幕一幕看下去不可。像这样的,可称为复杂的叙述文,分开来就是几篇。但是并不把它们分开,仍旧合为一篇,那是因为它们彼此之间有承接,有影响,而环拱于一个中心之故。⑱

叙述的排次,最常用的是依着自然的次序;如分类观察,自会列出第一类第二类来,集注观察,自会觉着第一层第二层来,依着这些层次叙述,就把作者所认识、了知的事物保留下来了。但也有为了注重起见,并不依着自然的次序的。这就是把最重要的一类或一层排次在先,本应在先的却留在后面补叙。如此,往往增加文字的力量,足以引起读者的注意。但既已颠乱了自然的次序,就非把前后关系接榫处明白且有力地叙出不可,⑲否则成为求工反拙了。

20

七 议 论

议论的总旨在于表示作者的见解。所谓见解，包括对于事物的主张或评论，以及驳斥别人的主张而申述自己的主张。凡欲达到这些标的，必须自己有一个判断，或说"这是这样的"，或说"这不是那样的"。既有一个判断，它就充当了中心，种种的企图才得有所着力。所以如其没有判断，也就无所谓见解，也就没有议论这回事了。

议论一件事物只能有一个判断。这里所谓一个，是指浑凝美满，像我们前此取为譬喻的圆球而言。在一回议论里固然不妨有好几个判断，但它们总是彼此一致、互相密接的；团结起来，就成为一个圆球似的总判断。因此，它们都是总判断的一部份，各各为着总判断而存在。如其说有两个或两个以上的判断，一定有些部份与这个总判断不相关涉，或竟互相矛盾；彼此团结不成一个圆球，所以须另外分立。不相关涉的，何必要它？互相矛盾的，又何能要它？势必完全割弃，方可免枝蔓、含糊的弊病。因而议论一件事物只有而且只能有一个判断了。①

议论的路径就是思想的路径。因为议论之先定有实际上待解决的问题，这就是所谓疑难的境地。而判断就是既已证定的假设。这样，岂不是在同一路径上么？不过思想的结果应用于独自的生活时，所以得到这结果的依据与路径不一定用得到。议论的判断，不论以口或以笔表示于外面时，那就不是这样了。一说到表示，就含有对人的意思，而且目的在使人相信。假若光是给人一个判断，人便将说："判断不会突如其来的，你这个判断何所依据呢？为什么不可以那样而必须这样呢？"这就与相信差得远了。所以发议论的人于表示判断之外，再须担当一种责任：先把这些地方交代明白，不待

人发生疑问。换一句说，就是要说出所以得到这判断的依据与路径来。譬如判断是目的地，这一种工作就是说明所走的道路。人家依着道路走，末了果真到了目的地，便见得这确是自然必至的事，疑问无从发生，当然惟有相信了。

议论里所用的依据当然和前面所说思想的依据一样，须是真切的经验，所以无非由观察而得的了知与推断所得的假设。论其性质，或者是事实，或者是事理。非把事实的内部外部剖析得清楚，认识得明白，事理的因果含蕴推阐得正确，审核得得当，就算不得真切的经验，不配做议论的依据。所以前边说过，"叙述是议论的基本"，这就是议论须先有观察工夫的意思。在这里又可以知道这一议论的依据有时就是别一议论（或是不发表出来的思想）的结果，所以随时须好好地议论（或者思想）。

所用的依据既然真切了，还必须使他人也信为真切，才可以供议论的应用。世间的事物，人己共喻的固然很多，用来做依据，自不必多所称论。但也有这事实是他人所不曾观察、没有了知的，这事理是他人所不及注意、未经信从的，假若用作依据，不加称论，就不是指示道路、叫人依着走的办法了。这必得叙述明白，使这事实也为他人所了知；论证如式，使这事理也为他人所信从。这样，所用的依据经过他人的承认，彼此就譬如在一条路上了。依着走去，自然到了目的地。②

至于得到判断的路径，其实只是参伍错综使用归纳演绎两个方法而已。什么是归纳的方法？就是审查许多的事实、事理，比较、分析，求得它们的共通之点。于是综合成为通则，这通则就可以包含且解释这些事实或事理。什么是演绎的方法？就是从已知的事实、事理，推及其它的事实、事理。因此所想得的往往是所已知的属类，先已含在所已知之中。关于这些的讨论，有论理学担任。现在单说明议论时得到判断的路径，怎样参伍错综使用这

两个方法。假如所用的一个依据是人己共喻的,判断早已含在里边,则只须走一条最简单的路径,应用演绎法就行了。[22]假如依据的是多数的事实事理,得到判断的路径就不这么简单了。要从这些里边定出假设,预备作为判断,就得用归纳的方法。要用事例来证明,使这假设成为确实的判断,就得用演绎的方法。[23]有时,多数的依据尚须从更多数的事实、事理里归纳出来。于是须应用两重的归纳、再跟上演绎的方法,方才算走完了应走的路径。[24]这不是颇极参伍错综之致么?

在这里有一事应得说及,就是议论不很适用譬喻来做依据。通常的意思,似乎依据与譬喻可以相通的。其实不然,它们的性质不同,须得划分清楚。依据是从本质上供给我们以意思的,我们有了这意思,应用归纳或演绎的方法,便得到判断。只须这依据确是真实的,向他人表示,他人自会感觉循此路径达此目的地是自然必至的事,没有什么怀疑。至若譬喻,不过与判断的某一部份的情状略相类似而已,彼此的本质是没有关涉的;明白一点说,无论应用归纳法或演绎法,决不能从譬喻里得到判断。所以议论用譬喻来得出判断,即使这判断极真确,极有用,严格地讲,只能称为偶合的武断,而算不得判断;因为它没有依据,所用的依据是假的。[25]用了假的依据,何能使人家信从呢? 又何能自知必真确、必有用呢? 我们要知譬喻本是一种修辞的方法(后边要讨究到),用作议论的依据,是不配的。

现在归结前边的意思,就是依据、推论、判断这三者是议论的精魂。这三者明白切实,有可征验,才是确当的议论。把这三者都表示于人,次第井然,才是能够使人相信的议论。但是更有一些事情应得在这些部份以前先给人家:第一,要提示所以要有这番议论的原由,说出实际上的疑难与解决的需要。这才使人家觉得这是值得讨究的问题,很高兴地要听我们下个怎样的判断。第二,要划定议论的范围,说关于某部份是议论所及的;同时也

可以撇开以外一切的部份,说那些是不在议论的范围以内的。这才使人家认定了议论的趋向,很公平地听我们对于这趋向所下的判断。第三,要把预想中应有的敌论列举出来,随即加以评驳,以示这些都不足以摇动现在这个判断。这才使人家对于我们的判断固定地相信(在辩论中,这就成为主要的一部份,否则决不会针锋相对)。固然,每一回议论都先说这几件事是不必的,但适当的需要的时候就得完全述说;而先说其中的一事来做发端,几乎是议论文的通例。这本来也是环拱于中心——判断——的部份,所以我们常要用到它来使我们的文字成为浑圆的球体。

还要把议论的态度讨究一下。原来说话、作文都以求诚为归,而议论又专务发见事实、事理的真际,则议论的目标只在求诚,自是当然的事。但是我们如为成见所缚,意气所拘,就会变改议论的态度;虽自以为还准对着求诚,实则已经移易方向了。要完全没有成见是很难的;经验的缺乏,熏染的影响,时代与地域的关系,都足使我们具有成见。至于意气,也难消除净尽;事物当前,利害所关,不能不生好恶之心,这好恶之心譬如有色的眼镜,从此看事物,就不同本来的颜色。我们固然要自己修养,使成见意气离开我们,不致做议论的障碍;一方面更当抱定一种议论的态度,逢到议论总是这样,庶几有切实的把握,可以离开成见与意气。

凡议论夹着成见、意气而得不到切当的判断的,大半由于没有真个认清议论的范围;如论汉字的存废问题,不以使用上的便利与否为范围,而说汉字是中国立国的精华,废汉字就等于废中国,这就是起先没有认清范围,致使成见、意气乘隙而至。所以议论的最当保持的态度,就是认清范围,就事论事,不牵涉到枝节上去。认清范围并不是艰难的功课,一加省察,立刻觉知;如省察文字本是一种工具,便会觉知讨论它的存废,自当以使用上的便利与否为范围。觉知之后,成见、意气更何从搀入呢?

又议论是希望人家信从的,人家愿意信从真实确当的判断,尤愿意信从这判断是恳切诚挚地表达出来的,所以议论宜取积极的诚恳的态度。这与前面所说是一贯的,既能就事论事,就决然积极而诚恳,至少不会有轻薄、骄傲、怒骂等等态度。至于轻薄、骄傲、怒骂等等态度的不适于议论,正同不适于平常的生活一样,在这里也不必说明了。

八　抒　情

抒情就是发抒作者的情感。我们心有所感,总要发抒出来,这是很自然的。小孩子的啼哭,可以说是"原始的"抒情了。小孩子并没有想到把他的不快告诉母亲,只是才一感到,就啼哭起来了。我们作抒情的文字,有时候很像小孩子这样自然倾吐胸中的情感,不一定要告诉人家。所谓"不得其平则鸣",平是指情感的波澜绝不兴起的时候。只要略微不平,略微兴起一点波澜,就自然会鸣了。从前有许多好诗,署着"无名氏"而被保留下来的,它们的作者何尝一定要告诉人家呢?也只因情动于中,不能自己,所以歌咏出来罢了。

但是,有时我们又别有一种希望,很想把所感的深浓郁抑的情感告诉人,取得人家的同情或安慰。原来人类是群性的,我有欢喜的情感,如得人家的同情,似乎这欢喜的量更见扩大开来;我有悲哀的情感,如得人家的同情,似乎这悲哀不是徒然的孤独的了:这些都足以引起一种快适之感。至于求得安慰,那是怀着深哀至痛的人所切望的。无论如何哀痛,如有一个人,只要一个人,能够了解这种哀痛,而且说:"世界虽然不睬你,但是有我在呢;我了解你这哀痛,你也足以自慰了。"这时候,就如见着一线光明,感着一缕暖气,而哀痛转淡了。有许多抒情文字就为着希望取得人家的同情或安慰

25

而写作的。

前面说过,抒情无非是叙述、议论,但里面有作者心理上的感受与变动做灵魂。换一句说,就是于叙述、议论上边加上一重情感的色彩,使它们成为一种抒情的工具。其色彩的属于何种则由情感而定;情感譬如彩光的灯,而叙述、议论是被照的一切。既是被照,虽然质料没有变更,而外貌或许要有所改易。如同一的材料,当叙述它时,应该精密地、完整地写的,而用作抒情的工具,只须有一个粗略的印象已足够了;当议论它时,应该列陈依据、指示论法的,而用作抒情的工具,只须有一个判断已足够了。⑧这等情形在抒情文字里是常有的。怎样选择取舍,实在很难说明;只要情感有蕴蓄,自会有适宜的措置,正如彩光的灯照耀时,自会很适宜地显出改易了外貌的被照的一切一样。

抒情的工作实在是把境界、事物、思想、推断等等,凡是用得到的、足以表出这一种情感的,一一抽出来,融和混合,依情感的波澜的起伏,组成一件新的东西。可见这是一种创造。但从又一方面讲,工具必取之于客观,组织又合于人类心情之自然,可见这不尽是创造,也含着摹写的意味。王国维说:"自然中之物互相关系,互相限制。然其写之于文字及美术中也,必遗其关系、限制之处。故虽写实家亦理想家也。又虽如何虚构之境,其材料必求之于自然,而其构造亦必从自然之法则。故虽理想家亦写实家也。"⑦他虽然不是讲抒情的情形,但如其把"自然"一词作广义讲,兼包人的心情在内,则这几句话正好比喻抒情的情形。

从读者方面说,因为抒情文字含着摹写的意味,性质是普遍的,所以能够明白了解;又因它是以作者的情感为灵魂而创造出来的,所以会觉着感动。所谓感动,与听着叙述而了知、听着议论而相信有所不同,乃是不待审度、思想,而恍若身受,竟忘其为作者的情感的意思。人间的情感本是相类

似的,这人以为喜乐或哀苦的,那人也以为喜乐或哀苦。作者把自己的情感加上一番融凝烹炼的工夫,很纯粹地拿出来,自然会使人忘却人己之分,同自己感到的一样地感受得深切。这个感动可以说是抒情文的特性。

抒情以什么为适当的限度呢?这不比叙述,有客观的事物可据,又不比议论,有论理的法则可准。各人的情感有广狭、深浅、方向的不同,千差万殊,难定程限,惟有反求诸己,以自己的满足为限度;抒写到某地步,自己觉得所有的情感倾吐出来了,这就是最适当的限度。而要想给人家读的,尤当恰好写到这限度而止。如或不及,便是晦昧,不完全,人家将不能感受其整体;如或太过,便是累赘,不显明,人家也不会感受得深切。

抒情的方法可以分为两种:如一样是哀感,痛哭流涕、摧伤无极地写出来也可以,微献默叹、别有凄心地写出来也可以;一样是愉快,欢呼狂叫、手舞足蹈地写出来也可以,别有会心、淡淡着笔地写出来也可以。一种是强烈的,紧张的;一种是清淡的,弛缓的。紧张的抒写往往直抒所感,不复节制,想到什么就说什么,毫不隐匿,也不改易。这只要内蕴的情感真而且深,自会写成很好的文字。它对人家具有一种近乎压迫似的力量,使人家不得不感动。[20]弛缓的抒写则不然,往往涵蕴的情感很多很深,而从事于敛抑凝集,不给它全部拿出来,只写出似乎平常的一部份。其实呢,这一部份正就摄取了全情感的精魂。这样的东西,对读者的力量是暗示的而不是压迫的。读者读着,受着暗示,同时能动地动起情感来,于是感到作者所有的一切了。所以也可以说,这是留下若干部份使人家自己去想的抒写方法。[22]

刘勰论胜篇秀句:"并思合而自逢,非研虑之所求也。或有晦塞为深,虽奥非隐;雕削取巧,虽美非秀矣。"[23]我们可以借这话来说明抒情文怎么才得好。所谓"思合而自逢",乃是中有至情,必欲宣发,这时候自会觉得应当怎样去抒写;或是一泻无馀地写出来,或是敛抑凝集地写出来,都由所感的本

身而定；并不是一种后加的做作工夫。这样，才成为胜篇秀句。至于"晦塞为深"、"雕削取巧"则是自己的情感不深厚，或竟是没有什么情感，而要借助于做作工夫。但是既无精魂，又怎么能得佳胜，感动人家呢？于此可知惟情感深厚，抒情文才得好；如其不从根本上求，却去做雕斲藻饰的工夫，只是徒劳而已。

取浑然的情感表现于文字，要使恰相密合，人家能览此而感彼，差不多全是修辞的效力。这归入第十章中讨究。

九　描　写

描写一事，于叙述、抒情最有关系，这二者大部是描写的工夫；即在议论，关于论调的风格、趣味等等，也是描写的事；所以在这一章里讨究描写。

描写的目的是把作者所知所感密合地活跃地保存于文字中。同时对于读者就发生一种功效，就是读者得以真切了知作者所知，如实感受作者所感，没有误会、晦昧等等缺憾。

我们对于一切事物，自山水之具象以至人心之微妙，时相接触，从此有所觉知，有所感动，都因为有一个印象进入我们的心。既然如此，要密合而且活跃地描写出来，惟有把握住这一个印象来描写。描写这个印象，只有一种最适当的说法，正如照相器摄取景物，镜头只有一个最适当的焦点一样；除了这一种说法，旁的说法就差一点了。所以找到这一种最适当的说法，是描写应当努力的。

先论描写当前可见的境界。当前可见的境界给与我们一个什么印象呢？不是像一幅画图的样子么？画家要把它描写出来，就得相定位置，审视隐现，依光线的明暗、空气的稀密，使用各种彩色，适当地涂在画幅下。如今

作文论

要用文字来描写它，也得采用绘画的方法，凡是画家所经心的那些条件，也得一样地经心。我们的彩色就只是文字；而文字组合得适当，选用得恰好，也能把位置、隐现等等都描写出来，保存个完美的印象。⑩

史传里边叙述的是以前时代的境界。如小说里边叙述的是出于虚构的境界，都不是当前可见的。但是描写起来也以作者曾有的印象为蓝本。作者把曾有的印象割裂或并合，以就所写的题材，那是有的，而决不能完全脱离印象。完全脱离了便成空虚无物，更从哪里去描写呢？⑩

以上是说以静观境界，也以静写境界。也有些时候，我们对于某种境界起了某种情感，所得的印象就不单是一幅画图了，这画图中还搀和着我们的情感的分子。假如也只像平常绘画这样写出来，那就不能把捉住这个印象。必须融和别一种彩色在原用的彩色里（这就是说把情感融入描写用的文字），才能把它适当地表现出来。⑩

次论描写人物。人有个性，各各不同，我们得自人物的印象也各各不同。就显然的说，男女、老幼、智愚等等各有特殊的印象给我们；就是同是男或女，同是老或幼，同是智或愚，也会给我们特殊的印象。描写人物，假若只就人的共通之点来写，则只能保存人的类型，不能表现出某一个人。要表现出某一个人，须抓住他给予我们的特殊的印象。如容貌、风度、服饰等等，是显然可见的。可同描写境界一样，用绘画的方法来描写。至于内面的性情、理解等等，本是拿不出本体来的，也就不会直接给我们什么印象。必须有所寄托，方才显出来，方才使我们感知。而某一个人的性情、理解等等往往寄托于他的动作和谈话。所以要描写内面，就得着力于这二者。

在这里论描写而说到动作，这动作不是指一个人做的某一件事。在一件事里，固然大可以看出一个人的内面，但保存一件事在文字里是叙述的事情。这里的动作单指人身的活动；如举手、投足、坐、卧、哭、啼之类而言。这

29

些活动都根于内面的活动,所以不可轻易放过,要把它们仔细描写出来。只要抓得住这人的特殊的动态,就把这人的内面也抓住了。⑨

描写动作,要知道这人有这样的动作时所占的空间与时间。如其当前描写,空间与时间都是明白可知的,那还不十分重要。但是作文里的人物往往不能够当前描写,如历史与小说中的人物,怎么能够当前描写呢?这就非注意空间与时间不可了。关于空间,我们可于意想中划定一处地方,这个地方的方向、设置都要认清楚;譬如布置一个舞台,预备演剧者在上面活动。然后描写主人翁的动作。他若是坐,就有明确的向背,他若是走,就有清楚的踪迹。这还是就最浅的讲呢。总之,惟能先划定一个空间,方使所描写的主人翁的动作——都有着落,内面的活动——与外面的境界相应。关于时间,我们可于意想中先认定一个季节、一个时刻,犹如编作剧本,注明这幕戏发生于什么时候一样。然后描写主人翁的动作。一个动作占了若干时间,一总的动作是怎样的次第,就都可以有个把握。这才合乎自然,所描写的确实表现了被描写的。⑩

在这里论到的谈话,不是指整篇的谈话,是指语调、语气等等而言。在这些地方正可以表现出各人的内面,所以我们不肯放过,要仔细描写出来。这当儿最要留意的:我们不要用自己谈话的样法来写,要用文中主人翁谈话的样法来写,使他说自己的话,不蒙着作者的色彩。就是描写不是当前的人物,也当想像出他的样法,让他说自己的话。在对话中,尤其用得到这一种经心。果能想像得精,把捉得住,往往在两三语中就把人物的内面活跃地传状出来了。⑪

至于议论文,那就纯是我们自己说话了。所以又只当用自己的样法来写,正同描写他人一样。

以上是分论描写境界和人物。而在一些叙述文里,特别是在多数的抒

情文里,境界与人物往往是分不开的。境界是人物的背景;人物是境界的摄影者,一切都从他的摄取而显现出来。于是描写就得双方兼顾。这大概有两种趋向:一是境界与人物互相调和的,如清明的月夜,写情人的欢爱;苦雨的黄昏,写寄客的离绪。这就见得彼此成个有机的结合,情与境都栩栩有生气。一是境界与人物不相调和的,如狂欢的盛会,中有感愤的独客;肮脏的社会,却有卓拔的佳士。这就见得彼此绝然相反,而人物的性格却反衬得十分明显。这二者原没有优劣之别,我们可就题材之自然,决定从哪一种趋向。描写对应当注意的范围却扩大了;除却人物的个性以外,如自然界的星、月、风、云、气候、光线、声音、动物、植物、人为的建筑、器物,等等,都要出力地描写,才得表现出这个调和或不调和来。

末了,我们要记着把握住印象是描写的根本要义。恰当地把握得住,具体地诉说得出,描写的能事已尽了。从反面看,就可知不求之自己的印象,却从别人的描写法里学习描写,是间接的、寡效的办法。如其这么做,充其量也不过成了一件复制品。而自己的印象彷佛一个无尽的泉源,时时会有新鲜的描写流出来。⑰

十　修　辞

现在要讨究造句用词了。我们所有的情思化成一句句话,从表现的效力讲,从使人家明了且感动的程度讲,就有强弱、适当不适当的差异。有的时候,写作的人并不加什么经心,纯任自然,直觉地感知当怎么写便怎么写,却果真写到刚合恰好的地步。但是有的时候,也可特意地经心去发现更强、更适当的造句用词的方法。不论是出于不自觉的或是出于特意的,凡是使一句句的话达到刚合恰好的地步,我们都称为修辞的工夫。

怎 样 写 作

修辞的工夫所担负的就是要一句话不只是写下来就算,还要成为表达这意思的最适合的一句话。如是说明的话,要使它最显豁;如是指像的话,要使它最妙肖;意在刺激,则使它具有最强的刺激力;意在描摹,则使它含着最好的生动态;……因为要达到这些目的,往往把平常的说法改了,别用一种变格的说法。⑱

变格的说法有一种叫取譬。拿别一件事物来譬喻所说的事物,拿别一种动态来譬喻所说的动态,就是取譬。因为有时我们所说及的事物是不大容易指示的,所说及的动态是不能直接描绘的,所以只有用别的、不同的事物和动态来譬喻。从此就可以悟出取譬的条件:所取譬的虽然与所说的不同,但从某一方面看,它们定须有极相似处,否则失却譬喻的功用,这是一。⑲所取譬的定须比所说的明显而具体,这才合于取譬的初愿,否则设譬而转入晦昧,只是无益的徒劳而已,这是二。凡能合于这两个条件的就是适合的好譬喻。⑳

怎么能找到这等适合的好譬喻呢?这全恃作者的想像力;而想像力又不是凭空而至的,全恃平时的观察与体味而来。平时多为精密的观察、深入的体味,自会见到两件不同的事物的极相似处、两种不同的动态的可会通处,而且以彼视此,则较为明显而具体。于是找到适合的好譬喻了。

有的时候,我们触事接物,彷佛觉得那些没有知觉、情感的东西都是有知觉、情感的。有的时候,我们描写境界,又觉得环绕我们的境界都被着我们的情感的色彩。有的时候,我们描写人物,同时又给所写的境界被上人物的情感的色彩。这些也都来源于想像力;说出具体的话,写成征实的文句,就改变了平常的法则。㉑从事描写,所谓以境写人、以境写情等等,就在能够适当地使用这类的语句。

更有一种来源于想像的修辞法,可以叫做夸饰,就是言过其实,涉于夸大。这要在作者的意中先存着"差不多这样子"的想像;而把它写下来,又会

32

使文字更具刺激和感动的力量,才适宜用这个方法。尤当注意的,一方面要使读者受到它的刺激和感动,一方面又要使读者明知其并非真实。[42]惟其如此,所以与求诚不相违背,而是修辞上可用的方法。

变格的说法有时是从联想来的。因了这一件,联想到那一件,便不照这一件本来的说,却拿联想到的那一件来说,这是常有的事。但从修辞的观点讲,也得有条件才行。条件无非同前边取譬、夸饰一样,要更明显,更具体,更有刺激和感动的力量,才可以用。[43]惟其得自作者真实的联想,又合于增加效力的条件,就与所谓隶事、砌典不同。因为前者出于自然,后者出于强饰。出于强饰的隶事、砌典并非修辞,只是敷衍说话而已。王国维论作词用代字,说"其所以然者,非意不足,则语不妙也",又说:"果以是为工,则古今类书具在,又安用词为耶?"[44]最是痛切的议论。

要在语句的语气、神情中间达出作者特殊的心情、感觉,往往改变了平常的说法,这也是修辞。如待读者自己去寻思,则出于含蓄,语若此而意更深;不欲直捷地陈说,则出于纡婉,语似淡而意却挚;意在讽刺,则出以反语、舛辞;情感强烈,则出以感叹、叠语。[45]这些都并非出于后添的做作,而是作者认理真确,含情恳切,对于这等处所,都会自然地写出个最适合的说法。

看了上面一些意思,可以知道从事修辞,有两点必须注意。一点是求之于己;因为想像、联想、语句的语气、神情,等等,都是我们自己的事情。又一点是估定效力;假若用了这种修辞而并不见得达到刚合恰好的地步,那就宁可不用。现成的修辞方法很多,在所有的文篇里都含蓄着;但是我们不该采来就用,因为它们是别人的。求之于己,我们就会铸出许多新鲜的为我们所独有的修辞方法;有时求索的结果也许与别人的一样,我们运用它,却与贸然采用他人者异致。更因出于自己,又经了估计,所以也不致有陈腐、不切等等弊病。

作者注：

① 见《胡适文存》卷一第二九七页。

② 见《胡适文存》卷二第一二六页。

③ 见《胡适文存》卷二第一二○页。

④ 见《胡适文存》卷二第一二七页。

⑤ 见《文心雕龙·神思》。

⑥ 十三类是论辨、序跋、奏议、书说、赠序、诏令、传状、碑志、杂记、箴铭、颂赞、辞赋、哀祭。

⑦ 如序跋、碑志。

⑧ 如奏议、诏令。

⑨ 如箴铭、辞赋。

⑩ 如《史记·鲁仲连列传》仲连新垣衍的言谈，便是议论文。

⑪ 如《吕氏春秋·察征》列述许多故事，便是叙述文。

⑫ 如韩愈《祭十二郎文》差不多全是述说与推断。

⑬ 此章持论与举例，多数采自梁启超《中学以上作文教学法》，见《改造》第四卷九、十两号。

⑭ 如韩愈《画记》用分类的方法，把画上人、马及其它动物、杂器物全部叙入，便是一个适例。教科书也往往用这一种叙述法。

⑮ 如《史记·西南夷列传》把西南夷分为三大部，用土著、游牧及头发的装束等等做识别。每一大部中复分为若干小部，每小部举出一个或两个部落为代表。代表者的特殊地位固然见出，其馀散部落亦并不遗漏。

⑯ 这可举《史记·货殖列传》为例。此篇从"汉兴海内为一"起，至"燕代田畜而事蚕"止，讲的是当时经济社会的状况。虽然只是一个大概，但物的方面，把各地主要都市所在以及物产的区划、交通的脉络，人的方面，把各地历史的关系，人民性质遗传上好处坏处、习惯怎样养成、职业怎样分布都讲到了。

⑰ 如《史记·廉颇蔺相如列传》中叙廉颇，只侧重在与蔺相如倾轧而终于交欢的一件事；其馀攻城破邑之功，仅是带叙而已。但就从这一件事，我们认识了廉颇了。

⑱ 如《汉书·西域传》，先叙西域交通的两条大路；再入本文，就依着路线叙去。作者

作文论

的观点与叙述的范围固然随地变更,但自有一个中心统摄着,就是叙述西域。

⑲如《域外小说集》中《灯台守》一篇,先叙与本篇相关重要的老人应募守灯台事;及老人登台眺望,方追叙他的往事。其由说明他"回念前此飘流忧患,直可付之一笑",因而追叙往事,由往事的最后,在"心冀安居",因而接到现在的竟得安居,都是极完美的接榫方法。

⑳如《胡适文存》卷三第四六页一,表示一个总判断,说文言中"凡询问代词用作止词时,都在动词之前"。以上论"何、谁、孰、奚、胡、曷"诸字的判断,都只是总判断的一部份。

㉑如汪荣宝论证歌、戈、鱼、虞、模韵的字,古时读 a 音(见北京大学《国学季刊》第一卷第二号),而列叙日本所译汉字的音、古代西人所译汉字的音、六朝及唐译佛经关于声音的义例以及当时译外国人名地名关于声音的义例,无非因别人不曾观察这些地方,须得详述,才能使人也信为真切。

㉒这就如普通论理学书中所常用的例:"凡人必死,故某必死。"岂非最简单么?

㉓如胡适《中国哲学史大纲》第二篇,论中国哲学的发生,先从《诗经》、《国语》、《左传》几部书中看出当时社会状态的不安,足以引出哲学思想,用的是归纳法;又说在这样的社会状态之下,便有忧时、愤世等等思潮,为哲学的先导,这就是演绎法了。

㉔如⑳例,从许多文篇的摘句归纳出"何"字"谁"字等的用法;又从这些结果归纳出一个总判断,便是两重的归纳。

㉕如《孟子》"饥者易为食,渴者易为饮,德之流行,速于置邮而传命",不过说"德之流行很快"而已。饥渴的情形,并不是它的依据,因为彼此不相关涉。这只是一种譬喻,作用在使人家易于了解,而且感兴趣。

㉖如李陵《答苏武书》中:"凉秋九月,塞外草衰,夜不能寐;侧耳远听,胡笳互动,牧马悲鸣,吟啸成群,边声四起。"只叙述个粗略的印象,但居此境界中的人情感何似,已可见了。又如同篇中:"人之相知,贵相知心,"乃是一个判断。但惟其这样,弥觉彼此之情亲密。

㉗见《人间词话》。

㉘如李陵《答苏武书》、司马迁《报任安书》都属此类。

㉙如曹丕《与吴质书》便属此类。

㉚见《文心雕龙·隐秀》。

㉛我们读柳宗元的《小石潭记》:"……伐竹取道,下见小潭,水尤清洌,全石以为底。近岸,卷石底以出,为坻,为屿,为嵁,为岩。青树、翠蔓蒙络摇缀,参差披拂。潭中鱼可百许头,皆若空游无所依。日光下澈,影布石上,怡然不动。俶尔远逝,往来翕忽,似与游者相乐。潭西南而望,斗折蛇行,明灭可见,其岸势犬牙差互,不可知其源。……"哪有不觉得他所得的印象鲜明地展示在我们面前呢?

㉜如《域外小说集》中《月夜》一篇,写月夜郊园,非常妙美,其实是作者曾有的印象:"小园浴月,果树成行,小枝无叶,疏影横路。有忍冬一树,攀附墙上,即发清香,仍有花魂——飞舞温和夜气中也……瞻望四野,皎然一白,碧空无云,夜气柔媚。蛙蛤乱鸣,声声相续,如击金石。月光冶美,足移人情……更进,则有小溪曲流,水次列白杨数树。薄雾朦胧,承月光转为银白,上下弥曼,遍罩水曲,若被冰绡。"

㉝《水经注》描写巫峡这地方,"每至晴初霜旦,林寒涧肃,常有高猿长啸,属引凄异,空谷传响,哀转久绝"。说到"肃、凄异、哀转",就融入作者的情感了。

㉞如《史记·项羽本纪》写樊哙:"哙即带剑拥盾入军门。交戟之卫士欲止不内。樊哙侧其盾以撞,卫士仆地。哙遂入,披帷西向立,瞋目视项王,头发上指,目眦尽裂。"我们读此,就认识了樊哙了。

㉟描写人物也有笼统地写,不划定空间、时间的,那又当别论。

㊱如《史记·平原君列传》写毛遂定从一段:"十九人谓毛遂曰:'先生上。'毛遂按剑历阶而上,谓平原君曰:'从之利害,两言而决耳。今日出而言从,日中不决,何也?'楚王谓平原君曰:'客何为者也?'平原君曰:'是胜之舍人也。'楚王叱曰:'胡不下?吾乃与而君言,汝何为者也?'毛遂按剑而前曰:'……吾君在前,叱者何也?……吾君在前,叱者何也?'"诸人的短语都表现出内面的心情。

㊲如《现代日本小说集》中《金鱼》一篇中"一到街上卖金鱼的这样青的长雨的时节",这"青的雨"是作者从自己的印象中得来的新鲜的描写。

㊳如"素月流天"一语,这"流"字就是变格的说法。

㊴《史记·刺客列传》载樊於期逃亡到燕国,太子丹容纳了他。鞠武以为不可。当时燕国这么弱,此事又足以激起秦国欲吞之心,正如投肉引虎,以毛抵火。所以鞠武用"委肉当饿虎之蹊""以鸿毛燎于炉炭之上"两语为喻。

36

㊵只看上一个例,觉得两句譬喻把危险的情形明显且具体地表达出来了。所以它们是好譬喻。

㊶如说"天容愁惨",这就把天真当作有情感的东西了。从实际讲,天容哪有愁惨不愁惨呢? 又如说"胡笳互动,牧马悲鸣",李陵把声音被上自己的情感的色彩了。从实际讲,他哪里会知道牧马因悲而鸣、鸣得很悲呢?

㊷如鲁迅《一件小事》,叙述一个车夫扶着受伤的老女人向巡警分驻所去,接着写作者的感想:"我这时突然感到一种异样的感觉,觉得他满身灰尘的后影,刹时高大了,而且愈走愈大,须仰视才见。"这是夸大的说法,可使读者感到作者对于这"满身灰尘的后影"的感动,同时又使读者明知其并非真实,所以是好的修词。

㊸如不说老人而说联想到的"白头",不说稚子而说联想到的"垂髫",很可把老和幼的特点明显且具体地表达出来,类此的都可用。

㊹见《人间词话》。

㊺如不说"贵在能行",而说"非知之艰,行之惟艰",便是含蓄。弦高不向秦军说"你们将去袭取郑国",而说"寡君闻吾子将步师出于敝邑……"便是纡婉。《史记·滑稽列传》优孟谏楚庄王以大夫礼葬所爱马,而说"以大夫礼葬之,薄,请以人君礼葬之",优旃谏秦二世漆其城,而说"佳哉,漆城荡荡,寇来不得上"都是反语。感叹语之例可以不举。

拿起笔来之前 *

　　写文章这件事，可以说难，也可以说不难。并不是游移不决说两面话，实情是这样。

　　难不难决定在动笔以前的准备工夫怎么样。准备工夫够了，要写就写，自然合拍，无所谓难。准备工夫一点儿也没有，或者有一点儿，可是太不到家了，拿起笔来样样都得从头做起，那当然很难了。

　　现在就说说准备工夫。

　　在实际生活里养成精密观察跟仔细认识的习惯，是一种准备工夫。不为写文章，这样的习惯本来也得养成。如果养成了，对于写文章太有用处了。你想，咱们常常写些记叙文章，讲到某些东西，叙述某些事情，不是全都依靠观察跟认识吗？人家说咱们的记叙

　　────────────

　　* 原载一九五一年七月十四日《中国青年》第七十期。

文章写得好，又正确又周到。推究到根柢，不是因为观察跟认识好才写得好吗？

在实际生活里养成推理下判断都有条有理的习惯，又是一种准备工夫。不为写文章，这样的习惯本来也得养成。如果养成了，对于写文章太有用处了。你想，咱们常常写些论说文章，阐明某些道理，表示某些主张，不是全都依靠推理下判断吗？人家说咱们的论说文章写得好，好像一张算草，一个式子一个式子等下去，不由人不信服。推究到根柢，不是因为推理下判断好才写得好吗？

推广开来说，所有社会实践全都是写文章的准备工夫。为了写文章才有种种的社会实践，那当然是不通的说法。可是，没有社会实践，有什么可以写的呢？

还有一种准备工夫必得说一说，就是养成正确的语言习惯。语言本来应该求正确，并非为了写文章才求正确，不为写文章就可以不正确。而语言跟文章的关系又是非常密切的，即使说成"二而一"，大概也不算夸张。语言是有声无形的文章，文章是有形无声的语言：这样的看法不是大家可以同意吗？既然是这样，语言习惯正确了，写出来的文章必然错不到哪儿去；语言习惯不良，就凭那样的习惯来写文章，文章必然好不了。

什么叫做正确的语言习惯？可以这样说：说出来的正是想要说的，不走样，不违背语言的规律。做到这个地步，语言习惯就差不离了。所谓不走样，就是语言刚好跟心思一致。想心思本来非凭藉语言不可，心思想停当了，同时语言也说妥当了，这就是一致。所谓不违背语言的规律，就是一切按照约定俗成的办。语言好比通货，通货不能各人发各人的，必须是大家公认的通货才有价值。以上这两层意思虽然分开说，实际上可是一贯的。想心思凭藉的语言必然是约定俗成的语言，决不能是"只此一家"的语言。把

心思说出来,必得用约定俗成的语言才能叫人家明白。就怕在学习语言的时候不大认真,自以为这样说合上了约定俗成的说法,不知道必须说成那样才合得上;往后又不加检查,一直误下去,得不到纠正。在这种情形之下,语言不一定跟心思一致了;还不免多少违背了语言的规律。这就叫做语言习惯不良。

从上一段话里,可以知道语言的规律不是什么深奥奇妙的东西;原来就是约定俗成的那些个说法,人人熟习,天天应用。一般人并不把什么语言的规律放在心上,他们只是随时运用语言,说出去人家听得明白,依据语言写文章,拿出去人家看得明白。所谓语言的规律,他们不知不觉地熟习了。不过,不知不觉的熟习不能保证一定可靠,有时候难免出错误。必须知其然又知其所以然,把握住规律,才可以巩固那些可靠的,纠正那些错误的,永远保持正确的语言习惯。学生要学语言规律的功课,不上学的人最好也学一点,就是这个道理。

现在来说说学一点语言的规律。不妨说得随便些,就说该怎样在这上头注点儿意吧。该注点儿意的有两个方面,一是语汇,二是语法。

人、手、吃、喝、轻、重、快、慢、虽然、但是、这样、那样……全都是语汇。语汇,在心里是意念的单位,在语言里是构成语句的单位。对于语汇,最要紧的自然是了解它的意义。一个语汇的意义,孤立地了解不如从运用那个语汇的许多例句中去了解来得明确。如果能取近似的语汇来做比较就更好。譬如"观察"跟"视察","效法"跟"效尤",意义好像差不多;收集许多例句在手边(不一定要记录在纸上,想一想平时自己怎样说的,人家怎样说的,书上怎样写的,也是收集),分别归拢来看,那就不但了解每一个语汇的意义,连各个语汇运用的限度也清楚了。其次,应该清楚地了解两个语汇彼此能不能关联。这当然得就意义上看。由于意义的限制,某些语汇可以

跟某些语汇关联，可是决不能跟另外的某些语汇关联。譬如"苹果"可以跟"吃""采""削"关联，可是跟"喝""穿""戴"无论如何联不起来，那是小孩也知道的。但是跟"目标"联得起来的语汇是"做到"还是"达到"，还是两个都成或者两个都不成，就连成人也不免踌躇。尤其在结构繁复的句子里，两个相关的语汇隔得相当远，照顾容易疏忽。那必须掌握语句的脉络，熟习语汇跟语汇意义上的搭配，才可以不出岔子。再其次，下一句话跟上一句话连接起来，当然全凭意义，有时候需用专司连接的语汇，有时候不需用。对于那些专司连接的语汇，得个个咬实，绝不乱用。提出假设，才来个"如果"。意义转折，才来个"可是"或者"然而"。准备说原因了，才来个"因为"。准备作结语了，才来个"所以"。还有，说"固然"，该怎样照应，说"不但"，该怎样配搭，诸如此类，都得明白。不能说那些个语汇经常用，用惯了，有什么稀罕；要知道惟有把握住规律，才能保证用一百次就一百次不错。

咱们说"吃饭""喝水"，不能说"饭吃""水喝"。意思是我佩服你，就得说"我佩服你"，不能说"你佩服我"；意思是你相信他，就得说"你相信他"，不能说"他相信你"。"吃饭""喝水"合乎咱们语言的习惯；"我佩服你""你相信他"主宾分明，合乎咱们的本意：这就叫做合乎语法。语法是语句构造的方法。那方法不是由谁规定的，也无非是个约定俗成。对于语法要注点儿意，先得养成剖析句子的习惯。说一句话，必然有个对象，或者说"我"，或者说"北京"，或者说"中华人民共和国"，如果什么对象也没有，话也不用说了。对象以明白说出来的居多；有时因为前面已经说过，或者因为人家能够理会，就略去不说。无论说出来不说出来，要剖析，就必须认清楚说及的对象是什么。单说个对象还不成一句话，还必须对那个对象说些什么。说些什么，那当然千差万别，可是归纳起来只有两类。一类是说那对象怎样，可以

怎样写作

举"中华人民共和国成立了"作例子,"成立了"就是说"中华人民共和国"怎样。又一类是说那对象是什么,可以举"北京是中华人民共和国的首都"作例子,"是中华人民共和国的首都"就是说"北京"是什么。在这两个例子中,哪个是对象的部份,哪个是怎样或者是什么的部份容易剖析,好像值不得说似的。但是咱们说话并不老说这么简单的句子,咱们还要说些个繁复的句子。就算是简单的句子吧,有时为了需要,对象的部分,怎样或者是什么的部分,也得说上许多东西才成,如果剖析不来,自己说就说不清楚,听人家说就听不清楚。譬如"以美国为首的帝国主义者侵略朝鲜的行动正在严重地威胁着中国的安全"这句话,咱们必须能够加以剖析,知道这句话说及的对象是"行动","行动"以上全是说明"行动"的非要不可的东西。这个"行动"怎样呢?这个"行动""威胁着中国的安全";"正在"说明"威胁"的时间,"严重地"说明"威胁"的程度,也是非要不可的。至于繁复的句子,好像一个用许多套括弧的算式。你必须明白那个算题的全部意义才写得出那样的一个算式;你必须按照那许多套括弧的关系才算得出正确的答数。由于排版不方便,这儿不举什么例句,给加上许多套括弧,写成算式的模样了;只希望读者从算式的比喻理会到剖析繁复的句子十分重要。能够剖析句子,必然连带地知道其他一些道理。譬如,说及的对象一般在句子的前头,可是不一定在前头:这就是一个道理。在"昨晚上我去看老张"这句话里,说及的对象是"我"不是"昨晚上",在前的"昨晚上"说明"去看"的时间。繁复的句子里往往包含几个分句,除开轻重均等的以外,重点都在后头:这又是一个道理。像"读书人家的子弟熟悉笔墨,木匠的儿子会玩斧凿,兵家儿早识刀枪"这句话,是三项均等的,无所谓轻重。像"我们不但善于破坏一个旧世界,我们还将善于建设一个新世界""宁可将可作小说的材料缩成速写,决不将速写材料拉成小说""如果我们不学习群众的语言,我们就不能领导群众""我们有

42

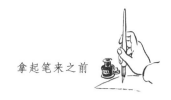

很多同志,虽然天天处在农村中,甚至自以为了解农村,但是他们并没有了解农村""即使人家不批评我们,我们也应该自己检讨"(以上六句例句是从吕叔湘、朱德熙两位先生的《语法修辞讲话》里抄来的,见六月二十日的《人民日报》)。这几句话的重点都在后头,说前头的,就为加强后头的分量。如果径把重点说出,原来在前头的就不用说了。已经说了"我们将善于建设一个新世界",底下还用说"我们善于破坏一个旧世界"吗?要说也连不上了。知道了以上那些道理,对于说话听话,对于写文章看文章,都是很有用处的。

开头说准备工夫,说到养成正确的语言习惯就说了这么一大串。往下文章快要结束了,回到准备工夫上去再说几句。

以上说的那些准备工夫全都是属于养成习惯的。习惯总得一点一点地养成。临时来一下,过后就扔了,那养不成习惯。而且临时来一下必然不能到家。平时心粗气浮,对于外界的事物,见如不见,闻如不闻,也就说不清所见所闻是什么。有一天忽然为了要写文章,才有意去精密观察一下,仔细认识一下,这样的观察和认识,成就必然有限,必然比不上平时能够精密观察仔细认识的人。写成一篇观察得好认识得好的文章,那根源还在于平时有好习惯,习惯好,才能够把文章的材料处理好。

平时想心思没条没理,牛头不对马嘴的,临到拿起笔来,即使十分审慎,定计划,写大纲,能保证写成论据完足推阐明确的文章吗?

平时对于语汇认不清它的确切意义,对于语法拿不稳它的正确结构,平时说话全是含糊其词,似是而非,临到拿起笔来,即使竭尽平生之力,还不是跟平时说话半斤八两吗?

所以,要文章写得像个样儿,不该在拿起笔来的时候才问该怎么样,应该在拿起笔来之前多做准备工夫。准备工夫不仅是写作方面纯技术的准

备,更重要的是实际生活的准备,不从这儿出发就没有根。急躁是不成的,秘诀是没有的。实际生活充实了,种种习惯养成了,写文章就会像活水那样自然地流了。

写作什么

国文科牵涉到的事项很多,这儿只讲一点关于写作的话。分两次讲,这一次的题目是《写作什么》,下一次的题目是《怎样写作》。我的话对于诸位不会有直接的帮助,我只希望能有间接的帮助。就是说,诸位听了我的话,把应该留心的留心起来,把应该避忌的随时避忌,什么方面应该用力就多多用力,什么方面不必措意就不去白费心思。这样经过相当的时候,写作能力自然渐渐增进了。

诸位现在写作,大概有以下的几个方面:国文教师按期出题目,教诸位练习,就要写作了;听了各门功课,有的时候要作笔记,做了各种试验,有的时候要作报告,就要写作了;游历一处地方,想把所见所闻以及感想

---

* 原载作者与夏丏尊合著的《阅读与写作》。

45

记下来，离开了家属和亲友，想把最近的生活情形告诉他们，就要写作了；有的时候有种种观感凝结成一种意境，觉得要把这种意境化为文字，心里才畅快，也就要写作了。

以上几方面的写作材料都是诸位生活里原有的，不是从生活以外去勉强找来的。换句话说，这些写作材料都是自己的经验。我们平时说话，从极简单的日常用语到极繁复的对于一些事情的推断和评论，都无非根据自己的经验。因为根据经验，说起来就头头是道，没有废话，没有瞎七搭八的无聊话。如果超出了经验范围，却去空口说白话，没有一点天文学的知识，偏要讲星辰怎样运行，没有一点国际政治经济的学问，偏要推断意阿战争、海军会议的将来，一定说得牛头不对马嘴，徒然供人家作为嗤笑的资料。一个人如有自知之明，总不肯做这样的傻事，超出了自己的经验范围去瞎说。他一定知道自己有多少经验，什么方面他可以说话，什么方面他不配开口。在不配开口的场合就不开口，这并不是难为情的事，而正是一种诚实的美德。经验范围像波纹一样，越来越扩大。待扩大到相当的时候，本来不配开口的配开口了，那才开口，也并不嫌迟。作文原是说话的延续，用来济说话之穷，在说话所及不到的场合，就作文。因此作文自然应该单把经验范围以内的事物作为材料，不可把经验范围以外的事物勉强拉到笔底下来。照诸位现在写作的几个方面看，所有材料都是自己的经验，这正是非常顺适的事。顺着这个方向走去，是一条写作的平坦大路。

这层意思好像很平常，其实很重要。因为写作的态度就从这上边立定下来。知道写作原是说话的延续，写作材料应该以自己的经验为范围，这就把写作看作极寻常可是极严正的事。人人要写作，正同人人要说话一样，岂不是极寻常？不能超出自己的经验，不能随意乱道，岂不是极严正？这种态度是正常的，抱着这种态度的人，写作对于他是一种有用的技能。另外还有

一种态度,把写作看作极特殊可是极随便的事。拿从前书塾里的情形来看,更可以明白。从前书塾里,学生并不个个作文。将来预备学工业、商业的,读了几年书认识一些字也就算了,只有预备应科举的几个才在相当的时候开始作文。开始作文称为"开笔",那是一件了不得的事,开了笔的学生对先生要加送束修,家长对人家说"我的孩子开笔了",往往露出得意的笑容。这为什么呢?因为作了文可以应科举,将来的飞黄腾达都种因在这上边,所以大家都认为一件极特殊的事,这特殊的事并且是属于少数人的。再看开了笔作些什么呢?不是《温故而知新说》就是《汉高祖论》之类。新呀故呀翻来覆去缠一阵就算完了篇;随便抓住汉高祖的一件事情,把他恭维一顿,或者唾骂一顿,也就算完了篇。这些材料大部份不是自己的经验,无非仿效别人的腔调,堆砌一些毫不相干的意思,说得坏一点,简直是鹦鹉学舌,文字游戏。从这条路径发展下去,这就来了专门拼凑典故的文章,无病呻吟的诗词。自己的经验是这样,写出来却并不这样,或许竟是相反的那样。写作同实际生活脱离了关系,只成为装点生活的东西,又何贵乎有这种写作的技能呢?所以说,这种态度是极随便的。到现在,科举虽然废掉了,作文虽然从小学初年级就要开始,可是大家对于写作的态度还没有完全脱去从前的那种弊病。现在个个学生要作文,固然不再是少数人的特殊的事,但是往往听见学生说"我没有意思,没有材料,拿起笔简直写不出什么来",或者说:"今天又要作文了,真是讨厌!"这些话表示一种误解,以为作文是学校生活中的特殊的事,而且须离开自己的经验去想意思,去找材料,自己原有的经验好像不配作为意思、不配充当材料似的。再从这里推想开去,又似乎所谓意思、所谓材料是一种说来很好听、写来很漂亮但不和实际生活发生联系的花言巧语。这种花言巧语必须费很大的力气去搜寻,像猎犬去搜寻潜伏在山林中的野兽。搜寻未必就能得到,所以拿起笔写不出什么来,许多次老写不

出什么来,就觉得作文真是一件讨厌的事。进一步说,抱着这样的态度作文,即使能够写出什么来,也不是值得欢慰的事。因为作文决不是把一些很好听、很漂亮的花言巧语写在纸上就算完事的,必须根据经验,从实际生活里流注出来,那才合乎所以要作文的本意。离开了自己的经验而去故意搜寻,虽然搜寻的工夫也许很麻烦,但是不能不说他把作文看得太随便了。把作文看得特殊又看得随便的态度使作文成为一种于人生无用的技能。这种态度非改变不可。诸位不妨自己想想:我把作文认作学校生活中的特殊的事吗?我离开了自己的经验故意去搜寻虚浮的材料吗?如果不曾,那就再好没有。如果确曾这样,而且至今还是这样,那就请立刻改变过来,改变为正当的态度,就是把作文看得寻常又看得严正的态度。抱着正当的态度的人决不会说没有意思、没有材料,因为他决不会没有经验,经验就是他的意思和材料。他又决不会说作文真是讨厌的事,因为作文是他生活中的一个项目,好比说话和吃饭各是生活中的一个项目,无论何人决不会说说话和吃饭真是讨厌。

以上说了许多话,无非说明写作材料应以自己的经验为范围。诸位现在写作的几个方面原都不出这个范围,只要抱正当的态度,动一回笔自然得到一回实益。诸位或者要问:"教师命题作文,恐怕不属于我们的经验范围以内吧。"我可以这样回答,凡是贤明的国文教师,他出的题目应当不超出学生的经验范围,他应当站在学生的立脚点上替学生设想,什么材料是学生经验范围内的,是学生所能写的、所要写的,经过选择才定下题目来。这样,学生同写一封信、作一篇游记一样,仍然是为着发表自己的经验而写作,同时又得到了练习的益处。我知道现在的国文教师贤明的很多,他们根据实际的经验和平时的研究,断不肯出一些离奇的题目,离开学生的经验十万八千里,教学生搔头摸耳,叹息说没有意思、没有材料的。自然,也难免有一些教

师受习惯和环境的影响,出的题目不很适合学生的胃口,我见过的《学而时习之论》就是一个例子。我若是学生,就不明白这个题目应该怎样地论。学而时习之,照常识讲,是不错的。除了说这个话不错以外,还有什么可说呢?这种题目,从前书塾里是常出的,现在升学考试和会考也间或有类似的题目。那位教师出这个题目,大概就由于这两种影响。诸位如果遇见了那样的教师,只得诚诚恳恳地请求他,说现在学会作这样的题目,只有逢到考试也许有点用处,在实际生活中简直没有需要作这样题目的时候。即使您先生认为预备考试的偶尔有用也属必要,可否让我们少作几回这样题目,多作几回发表自己经验的文章?这样的话很有道理,并不是什么非分的请求。有道理的话,谁不愿意听?我想诸位的教师一定会依从你们的。

再说经验有深切和浅薄的不同,有正确和错误的不同。譬如我们走一条街道,约略知道这条街道上有二三十家店铺,这不能不算是经验。但是我们如果仔细考察,知道这二三十家店铺属于哪一些部门,哪一家的资本最雄厚,哪一家的营业最发达,这样的经验比前面的经验深切多了。又譬如我们小时候看见月食,老祖母就告诉我们,这是野月亮要吞家月亮,若不敲锣打鼓来救,家月亮真个要被吃掉的。我们听了记在心里,这也是我们的经验,然而是错误的。后来我们学了地理,懂得星球运行的大概,才知道并没有什么野月亮,更没有吞食家月亮这回事,那遮没了月亮的原来是地球的影子。这才是正确的经验。这不过是两个例子,此外可以依此类推。我们写作,正同说话一样,总希望写出一些深切的正确的经验,不愿意涂满一张纸的全是一些浅薄的错误的经验。不然,就是把写作看得太不严正,和我们所抱的态度违背了。

单是写出自己的经验还嫌不够,要更进一步给经验加一番洗炼的工夫,才真正做到下笔绝不随便,合乎正当的写作态度。不过这就不止是写作方

面的事了,而且也不止是国文科和各学科的事,而是我们整个生活里的事。我们每天上课,看书,劳作,游戏,随时随地都在取得经验,而且使经验越来越深切,越来越正确。这并不是为作文才这样做,我们要做一个有用的人,要做一个健全的公民,就不得不这样做。这样做同时给写作开了个活的泉源,从这个泉源去汲取,总可以得到澄清的水。所怕的是上课不肯好好地用功,看书没有选择又没有方法,劳作和游戏也只是随随便便,不用全副精神对付,只图敷衍过去就算,这样,经验就很难达到深切和正确的境界。这样的人做任何事都难做好,当然不能称为有用,当然够不上叫做健全的公民。同时他的写作的泉源干涸了,勉强要去汲取,汲起来的也是一盏半盏混着泥的脏水。写作材料的来源普遍于整个生活里,整个生活时时在那里向上发展,写作材料自会滔滔汩汩地无穷尽地流注出来,而且常是澄清的。有些人不明白这个道理,以为写作只要伏在桌子上拿起笔来硬干就会得到进步,不顾到经验的积累和洗炼,他们没想到写作原是和经验纠结而不可分的。这样硬干的结果也许会偶尔写成一些海市蜃楼那样很好看的文字,但是这不过一种毫无实用的玩意儿,在实际生活里好比赘瘤。这种技术是毫无实用的技术。希望诸位记着写作材料的来源普遍于整个的生活,写作固然要伏在桌子上,写作材料却不能够单单从伏在桌子上取得。离开了写作的桌子,上课、看书、劳作、游戏,刻刻认真,处处努力,一方面是本来应该这么做,另一方面也就开凿了写作材料的泉源。

现在来一个结束。写作什么呢?要写出自己的经验。经验又必须深切,必须正确,这要从整个生活里去下工夫。有了深切的正确的经验,写作就不愁没有很好的材料了。

作自己要作的题目 [*]

一篇文，一首诗，一支歌曲，总得有个题目。从作者方面说，有了题目，可以表示自己所写的中心。从读者方面说，看了题目，可以预知作品所含的内容。题目的必要就在乎此。从前有截取篇首的几个字作题目的，第一句是"学而时习之"，就称这一篇为《学而》；有些人作诗，意境惝怳迷离，自己也不知道该题作什么，于是就用《无题》两字题在前头。这些是特殊的例子，论到作用，只在便于称说，同其他的篇章有所区别，其实用甲、乙、丙、丁来替代也未尝不可；所以这样办的向来就不多。

题目先文章而有呢，还是先有了文章才有题目？

---

    *   原载中学生杂志社编的《写作的健康与疾病》，开明书店一九三五年六月出版。

这很容易回答。可是问题不应该这样提。我们胸中有了这么一段意思,一种情感,要保留下来,让别人知道,或者备自己日后覆按,这时候才动手写文章。在写下第一个字之前,我们意识着那意思那情感的全部。在意思的全部里必然有论断或主张之类,在情感的全部里至少有一个集注点:这些统称为中心。把这些中心写成简约的文字,不就是题目么?作者动手写作,总希望收最大限的效果。如果标明白中心所在,那是更能增加所以要写作的效果的(尤其是就让别人知道这一点说)。所以作者在努力写作之外,不惮斟酌尽善,把中心写成个适切的题目。这工夫该在文章未成之前做呢,还是在已成之后做?回答是在前在后都一样,因为中心总是这么一个。那么,问题目先文章而有还是文章先题目而有,岂不是毫无意义?我们可以决定地说的,是先有了意思情感才有题目。

胸中不先有意思情感,单有一个题目,而要动手写文章,我们有这样的时机么?没有的。既没有意思情感,写作的动机便无从发生。题目生根于意思情感,没有根,那悬空无着的题目从何而来呢?

但是,我们中学生确有单有一个题目而也要动手写文章的时机。国文教师出了题目教我们作文,这时候,最先闯进胸中的是题目,意思情感之类无论如何总要迟来这么一步。这显然违反了一篇文章产生的自然程序。若因为这样就不愿作文,那又只有贻误自己。作文也同诸般技术一样,要达到运用自如的境界,必须经过充分的练习。教师出题目,原是要我们练习,现在却说不愿练习,岂非同自己为难?所以我们得退一步,希望教师能够了解学生的生活,能够设身处地地想像学生内部的意思和情感,然后选定学生能够作的愿意作的题目给学生作。如果这样,教师出题目就等于唤起学生作文的动机,也即是代学生标示了意思情感的中心,而意思情感原是学生先前固有的。从形迹讲,诚然题目先有;按求实际,却并没违反一篇文章产生的

自然程序。贤明的教师选题目，一定能够这样做。

我们还要说的是作文这件事情既须练习，单靠教师出了题目才动笔，就未免回数太少，不能收充分的效果。现在通行的不是两星期作一回么？一学年在学四十星期，只作得二十篇文章。还有呢，自己有了意思情感便能动手写出来，这是生活上必要的习惯，迟至中学时代须得养成。假若专等教师出了题目才动手，纵使教师如何贤明，所出题目如何适切，结果总不免本末倒置，会觉得作文的事情单为应付教师的练习功课，而与自己的意思情感是没有关涉的。到这样觉得的时候，这人身上便已负着人生的缺陷，缺陷的深度比哑巴不能开口还要厉害。

要练习的回数多，不用说，还须课外作文。要养成抒写意思情感的习惯，那只须反问自己，内部有什么样的意思情感，便作什么样的文。两句话的意思合拢来，就是说除了教师出的题目以外，自己还要作文，作自己要作的题目。

自己要作的题目似乎不多吧？不，决不。一个中学生，自己要作的题目实在很多。上堂听功课，随时有新的意想，新的发现，是题目。下了课，去运动，去游戏，谁的技术怎样，什么事情的兴趣怎样，是题目。读名人的传记，受了感动，看有味的小说，起了想像，是题目。自然科学的实验和观察，如种树，如养鸡，如窥显微镜，如测候风、雨、寒、温，都是非常有趣的题目。校内的集会，如学生会、交谊会、运动会、演说会，校外的考察，如风俗、人情、工商状况、交通组织，也都是大可写作的题目。这些岂是说得尽的？总之，你只要随时反省，就觉得自己胸中决不是空空洞洞的；随时有一些意思情感在里头流衍着，而且起种种波澜。你如果不去把捉住这些，一会儿就像烟云一样消散了，再没痕迹。你如果仗一枝笔把这些保留下来，所成文字虽未必便是不朽之作，但因为是你自己所想的所感的，在你个人的生活史上实有很多的

价值。同时,你便增多了练习作文的回数。

一个教师会出这样一个题目,《昨天的日记》。这题目并没不妥,昨天是大家度过了的。一天里总有所历、所闻、所思、所感,随便取一端两端写出来就得了。但是,一个学生在他的练习簿上写道:"昨日晨起夜眠,进三餐,上五课,皆如前日,他无可记。"教师看了没有别的可说,只说:"你算是写了一条日记的公式!"这个学生难道真个无可记么?哪有的事?他不是不曾反省,便是从什么地方传染了懒惰习惯,不高兴动笔罢了。一个中学生一天的日记,哪会没有可写的呢?

就教师出的题目作文,虽教师并不说明定须作多少字,而作者自己往往立一个约束,至少要作成数百字的一篇才行,否则似乎不像个样儿。这是很无谓的。文篇的长短全视内容的多少,内容多,数千字尽写,内容少,几十字也无妨;或长或短,同样可以成很好的文章。不问内容多少,却先自规定至少要作多少字,这算什么呢?存着这样无谓的心思,会错过许多自己习作的机会。遇到一些片段的意想或感兴时,就觉这是不能写成像模样的一篇的,于是轻轻放过。这不但可惜,并且昧于所以要作文的意义了。

作文不该看作一件特殊的事情,犹如说话,本来不是一件特殊的事情。作文又不该看作一件呆板的事情,犹如泉流,或长或短,或曲或直,自然各异其致。我们要把生活与作文结合起来,多多练习,作自己要作的题目。久而久之,将会觉得作文是生活的一部份,是一种发展,是一种享受,而无所谓练习:这就与文章产生的自然程序完全一致了。

怎样写作

*

这一次讲的题目是《怎样写作》。怎样写作,现在
有好些作文法一类的书,讲得很详细。不过写作的时
候,如果要临时翻查这些书,一一按照书里说的做去,
那就像一手拿着烹饪讲义一手做菜一样,未免是个笑
话了。这些书大半从现成文章里归纳出一些法则来,
告诉人家怎样怎样写作是合乎法则的,也附带说明怎
样怎样写作是不合乎法则的。我们有了这些知识,去
看一般文章就有了一枝量尺,不但知道某一篇文章好,
还说得出好在什么地方,不但知道某一篇文章不好,还说
得出不好在什么地方。自然,这些知识也能影响到我们
的写作习惯,可是这种影响只在有意无意之间。写文章,
往往会在某些地方写得不合法则,有了作文法的知识,

 　＊　　原载作者与夏丏尊合著的《阅读与写作》。

就会觉察到那些不合法则的地方。于是特地留心，要把它改变过来。这特地留心未必马上就有成效，或许在三次里头，两次是改变过来了，一次却依然犯了老毛病。必须从特地留心成为不待经意的习惯，才能每一次都合乎法则。所以作文法一类书对于增强我们看文章的眼力有些直接的帮助，对于增强我们写文章的腕力只有间接的帮助。所以光看看这一类书未必就能把文章写好。如果临到作文而去翻查这些书，那更是毫无实益的傻事。

诸位现在都写语体文。语体文的最高的境界就是文章同说话一样。写在纸上的一句句的文章，念起来就是口头的一句句的语言，教人家念了听了，不但完全明白文章的意思，还能够领会到那种声调和神气，仿佛当面听那作文的人亲口说话一般。要达到这个境界，不能专在文字方面做工夫，最要紧的还在锻炼语言习惯。因为语言好比物体的本身，文章好比给物体留下一个影像的照片，物体本身完整而有式样，拍成的照片当然完整而有式样。语言周妥而没有毛病，按照语言写下来的文章当然也周妥而没有毛病了。所以锻炼语言习惯是寻到根源去的办法。不过有一句应当声明，语言习惯是本来要锻炼的。一个人生活在人群中间，随时随地都有说话的必要，如果语言习惯上有了缺点，也就是生活技能上有了缺点，那是非常吃亏的。把语言习惯锻炼得良好，至少就有了一种极关重要的生活技能。对于作文，这又是一种最可靠的根源。我们怎能不努力锻炼呢？

现在小学里有说话的科目，又有演讲会、辩论会等的组织，中学里，演讲会和辩论会也常常举行。这些都是锻炼语言习惯的。参加这种集会，仔细听人家说的话，往往会发现以下的几种情形。说了半句话，缩住了，另外换一句来说，和刚才的半句话并没有关系，这是一种。"然而""然而"一连串，"那么""那么"一大堆，照理用一个就够了，因为要延长时间，等待着想下面的话，才说了那么许多，这是一种。应当"然而"的地方不"然而"，应当"那

么"的地方不"那么"，只因为这些地方似乎需要一个词，可是想不好该用什么词，无可奈何，就随便拉一个来凑数，这是一种。有一些话听去很不顺耳，仔细辨辨，原来里头有几个词用得不妥当，不然就是多用了或者少用了几个词，这又是一种。这样说话的人，他平时的语言习惯一定不很好，而且极不留心去锻炼，所以在演讲会、辩论会里就把弱点表露出来了。若教他写文章，他自然按照自己的语言习惯写，那就一定比他的口头语言更难使人明白。因为说话有面部的表情和身体的姿势作为帮助，语言虽然差一点，还可以使人家大体明白。写成文章，面部的表情和身体的姿势是写不进去的，让人家看见的只是支离破碎前不搭后的一些文句，岂不教人糊涂？我由于职务上的关系，有机会读到许多中学生的文章，其中有非常出色的，也有不通的，所谓不通，就是除了材料不健全不妥当以外，还犯了前面说的几种毛病，语言习惯上的毛病。这些同学如果平时留心锻炼语言习惯，写起文章来就可以减少一些不通。加上经验方面的洗炼，使写作材料健全而妥当，那就完全通了。所谓"通"原来不是什么高不可攀的境界。

　　锻炼语言习惯要有恒心，随时随地当一件事做，正像矫正坐立的姿势一样，要随时随地坐得正立得正才可以养成坐得正立得正的习惯。我们要要求自己，无论何时不说一句不完整的话，说一句话一定要表达出一个意思，使人家听了都能够明白；无论何时不把一个不很了解的词硬用在语言里，也不把一个不很适当的词强凑在语言里。我们还要要求自己，无论何时不乱用一个连词，不多用或者少用一个助词。说一句话，一定要在应当"然而"的地方才"然而"，应当"那么"的地方才"那么"，需要"吗"的地方不缺少"吗"，不需要"了"的地方不无谓地"了"。这样锻炼好像很浅近、很可笑，实在是基本的，不可少的。家长对于孩子，小学教师对于小学生，就应该教他们，督促他们，作这样的锻炼。可惜有些家长和小学教师没有留意到这一层，或者留

意到而没有收到相当的成效。我们要养成语言这个极关重要的生活技能，就只得自己来留意。留意了相当时间之后，就能取得锻炼的成效。不过要测验成效怎样，从极简短的像"我正在看书""他吃过饭了"这些单句上是看不出来的。我们不妨试说五分钟连续的话，看这一番话里能够不能够每句都符合自己提出的要求。如果能够了，锻炼就已经收了成效。到这地步，作起文来就不觉得费事了，口头该怎样说的笔下就怎样写，把无形的语言写下来成为有形的文章，只要是会写字的人，谁又不会做呢？依据的是没有毛病的语言，文章也就不会不通了。

听人家的语言，读人家的文章，对于锻炼语言习惯也有帮助。只是要特地留意，如果只大概了解了人家的意思就算数，对于锻炼我们的语言就不会有什么帮助了。必须特地留意人家怎样用词，怎样表达意思，留意考察怎样把一篇长长的语言顺次地说下去。这样，就能得到有用的资料，人家的长处我们可以汲取，人家的短处我们可以避免。

写语体文只是十几年来的事。好些文章，哪怕是有名的文章家写的，都还不纯粹是口头的语言。写语体文的技术还没有练到极纯熟的地步。不少人为了省事起见，往往凑进一些文言的调子和语汇去，成为一种不尴不尬的文体。刚才说过，语体文的最高境界就是文章同说话一样。所以这种不尴不尬的文体只能认为过渡时期的产物，不能认为十分完善的标准范本。这一点认清楚了，才可以不受现在文章的坏影响。但是这些文章也有长处，当然应该摹仿；至于不很纯粹的短处，就努力避免。如果全国中学生都向这方面用工夫，不但自己的语言习惯可以锻炼得非常好，还可以把语体文的文体加速地推进到纯粹的境界。

从前的人学作文章都注重诵读，往往说，只要把几十篇文章读得烂熟，自然而然就能够下笔成文了。这个话好像含有神秘性，说穿了道理也很平

常,原来这就是锻炼语言习惯的意思。文言不同于口头语言,非但好多词不同,一部份语句组织也不同。要学不同于口头语言的文言,除了学这种特殊的语言习惯以外,没有别的方法。而诵读就是学这种特殊的语言习惯的一种锻炼。所以前人从诵读学作文章的方法是不错的。诸位若要作文言,也应该从熟读文言入手。不过我以为诸位实在没有作文言的必要。说语体浅文言深,先习语体,后习文言,正是由浅入深,这种说法也没有道理。文章的浅深该从内容和技术来决定,不在乎文体的是语体还是文言。况且我们既是现代人,要表达我们的思想情感,在口头既然用现代的语言,在笔下当然用按照口头语言写下来的语体。能写语体,已经有了最便利的工具,为什么还要去学一种不切实用的文言?若说升学考试或者其他考试,出的国文题目往往有限用文言的,不得不事前预备,这实在由于主持考试的人太不明白。希望他们通达起来,再不要做这种故意同学生为难而毫没有实际意义的事。而在这种事还没有绝迹以前,诸位为升学计,为通过其他考试计,就只得分出一部份工夫来,勉力去学作文言。

以上说了许多话,无非说明要写通顺的文章,最要紧的是锻炼语言习惯。因为文章就是语言的记录,二者本是同一的东西。可是还得进一步,还不能不知道文章和语言两样的地方。前面说过,说话有面部的表情和身体的姿势作为帮助,但是文章没有这样的帮助,这就是两样的地方。写文章得特别留意,怎样适当地写才可以不靠这种帮助而同样可以使人家明白。两样的地方还有一些。如两个人闲谈,往往天南地北,结尾和开头竟可以毫不相关。就是正式讨论一个问题,商量一件事情,有时也会在中间加入一段插话,像藤蔓一样爬开去,完全离开了本题。直到一个人省悟了,说:“我们还是谈正经话吧。”这才一刀截断,重又回到本题。作文章不能这样。文章大部份是预备给人家看的,小部份是留给自己将来查考的,每一篇都有一个中

心,没有中心就没有写作的必要。所以写作只该把有关中心的话写进去,而且要配列得周妥,使中心显露出来。那些漫无限制的随意话,像藤蔓一样爬开去的枝节话,都该剔除得干干净净,不让它浪费我们的笔墨。又如用语言讲述一件事情,往往噜噜苏苏,细大不涓;传述一场对话,更是照样述说,甲说什么,乙说什么,甲又说什么,乙又说什么。作文章不能这样。文章为求写作和阅读双方的省事,最要讲究经济。一篇文章,把紧要的话都漏掉,没有显露出什么中心来,这算不得经济。必须把紧要的话都写进去,此外再没有一句噜苏的话。正像善于用钱的人一样,不该省钱的地方决不妄省一个钱,不该费钱的地方决不妄费一个钱,这才够得上称为经济。叙述一件事情,得注意详略。对于事情的经过不做同等分量的叙述,必须教人家详细明白的部份不惜费许多笔墨,不必教人家详细明白的部份就一笔带过。如果记人家的对话,就得注意选择。对于人家的语言不作照单全收的记载,足以显示其人的思想、识见、性情等等的才入选,否则无妨丢开。又如说话往往用本土的方言以及本土语言的特殊调子。作文章不能这样。文章得让大家懂,得预备给各地的人看,应当用各地通行的语汇和语调。本土的语汇和语调必须淘汰,才可以不发生隔阂的弊病。以上说的是文章和语言两样的地方。知道了这几层,也就知道作文技术的大概。由知识渐渐成为习惯,作起文来就有记录语言的便利而没有死板地记录语言的缺点了。

现在来一个结束。怎样写作呢?最要紧的是锻炼我们的语言习惯。语言习惯好,写的文章就通顺了。其次要辨明白文章和语言两样的地方,辨得明白,能知能行,写的文章就不但通顺,而且是完整而无可指摘的了。

开头和结尾*

　　写一篇文章，预备给人家看，这和当众演说很相像，和信口漫谈却不同。当众演说，无论是发一番议论或者讲一个故事，总得认定中心，凡是和中心有关系的才容纳进去，没有关系的，即使是好意思、好想像、好描摹、好比喻，也得丢掉。一场演说必须是一件独立的东西。信口漫谈可就不同。几个人的漫谈，说话像藤蔓一样爬开来，一忽儿谈这个，一忽儿谈那个，全体没有中心，每段都不能独立。这种漫谈本来没有什么目的，话说过了也就完事了。若是抱有目的，要把自己的情意告诉人家，用口演说也好，用笔写文章也好，总得对准中心用功夫，总得说成或者写成一件独立的东西。

　　* 原载夏丏尊与作者合著的《文章讲话》，开明书店一九三九年五月出版。

不然,人家就会弄不清楚你在说什么写什么,因而你的目的就难达到。

中心认定了,一件独立的东西在意想中形成了,怎样开头怎样结尾原是很自然的事,不用费什么矫揉造作的工夫了。开头和结尾也是和中心有关系的材料,也是那独立的东西的一部份,并不是另外加添上去的。然而有许多人往往因为习惯不良或者少加思考,就在开头和结尾的地方出了毛病。在会场里,我们时常听见演说者这么说:"兄弟今天不曾预备,实在没有什么可以说的。"演说完了,又说:"兄弟这一番话只是随便说说的,实在没有什么意思,请诸位原谅。"谁也明白,这些都是谦虚的话。可是,在说出来之前,演说者未免少了一点思考。你说不曾预备,没有什么可以说的,那么为什么要踏上演说台呢?随后说出来的,无论是三言两语或者长篇大论,又算不算"可以说的"呢?你说随便说说,没有什么意思,那么刚才的一本正经,是不是逢场作戏呢?自己都相信不过的话,却要说给人家听,又算是一种什么态度呢?如果这样询问,演说者一定会爽然自失,回答不出来。其实他受的习惯的累,他听见人家都这么说,自己也就这么说,说成了习惯,不知道这样的头尾对于演说是没有帮助反而有损害的。不要这种无谓的谦虚,删去这种有害的头尾,岂不干净而有效得多?还有,演说者每每说:"兄弟能在这里说几句话,十分荣幸。"这是通常的含有礼貌的开头,不能说有什么毛病。然而听众听到,总不免想:"又是那老套来了。"听众这么一想,自然而然把注意力放松,于是演说者的演说效果就跟着打了折扣。什么事都如此,一回两回见得新鲜,成为老套就嫌乏味。所以老套以能够避免为妙。演说的开头要有礼貌,应该找一些新鲜而又适宜的话来说。原不必按照着公式,说什么"兄弟能在这里说几句话,十分荣幸"。

各种体裁的文章里头,书信的开头和结尾差不多是规定的。书信的构造通常分做三部份;除第二部份叙述事务,为书信的主要部份外,第一部份

叫做"前文",就是开头,内容是寻常的招呼和寒暄,第三部份叫做"后文",就是结尾,内容也是招呼和寒暄。这样构造原本于人情,终于成为格式。从前的书信往往有前文后文非常繁复,竟至超过了叙述事务的主要部份的。近来流行简单的了,大概还保存着前文后文的痕迹。有一些书信完全略去前文后文,使人读了感到一种隽妙的趣味。不过这样的书信宜于寄给亲密的朋友。如果寄给尊长或者客气一点的朋友,还是依从格式,具备前文后文,才见得合乎礼意。

记述文记述一件事物,必得先提出该事物,然后把各部份分项写下去。如果一开头就写各部份,人家就不明白你在说什么了。我曾经记述一位朋友赠我的一张华山风景片。开头说:"贺昌群先生游罢华山,寄给我一张十二寸的放大片。"又如魏学洢的《核舟记》,开头说:"明有奇巧人曰王叔远,能以径寸之木为宫室、器皿、人物以至鸟、兽、木、石,罔不因势象形,各具情态,尝贻余核舟一,盖大苏泛赤壁云。"不先提出"寄给我一张十二寸的放大片"以及"尝贻余核舟一",以下的文字事实上没法写的。各部份记述过了,自然要来个结尾。像《核舟记》统计了核舟所有人物器具的数目,接着说"而计其长曾不盈寸,盖简桃核修狭者为之"。这已非常完整,把核舟的精巧表达得很明显的了。可是作者还要加上另外一个结尾,说:

> 魏子详瞩既毕,诧曰:嘻,技亦灵怪矣哉!《庄》《列》所载称惊犹鬼神者良多,然谁有游削于不寸之质而须麋了然者?假有人焉,举我言以复于我,亦必疑其诳,乃今亲睹之。繇斯以观,棘刺之端未必不可为母猴也。嘻,技亦灵怪矣哉!

这实在是画蛇添足的勾当。从前人往往欢喜这么做,以为有了这一发挥,虽

然记述小东西,也可以即小见大。不知道这么一个结尾以后的结尾无非说明那个桃核极小而雕刻极精,至可惊异罢了。而这是不必特别说明的,因为全篇的记述都暗示着这层意思。作者偏要格外讨好,反而教人起一种不统一的感觉。我那篇记述华山风景片的文字,没有写这种"结尾以后的结尾",在写过了照片的各部份之后,结尾说:"这里叫做长空栈,是华山有名的险峻处所。"用点明来收场,不离乎全篇的中心。

叙述文叙述一件事情,事情的经过必然占着一段时间,依照时间的顺序来写,大致不会发生错误。这就是说,把事情的开端作为文章的开头,把事情的收梢作为文章的结尾。多数的叙述文都用这种方式,也不必举什么例子。又有为要叙明开端所写的事情的来历和原因,不得不回上去写以前时间所发生的事情。这样把时间倒错了来叙述,也是常见的。如丰子恺的《从孩子得到的启示》,开头写晚上和孩子随意谈话,问他最欢喜什么事,孩子回答说是逃难。在继续了一回问答之后,才悟出孩子所以欢喜逃难的缘故。如果就此为止,作者固然明白了,读者还没有明白。作者要使读者也明白孩子为什么欢喜逃难,就不得不用倒错的叙述方式,回上去写一个月以前的逃难情形了。在近代小说里,倒错叙述的例子很多,往往有开头写今天的事情,而接下去却写几天前几月前几年前的经过的。这不是故意弄什么花巧,大概由于今天这事情来得重要,占着主位,而从前的经过处于旁位,只供点明脉络之用的缘故。

说明文大体也有一定的方式。开头往往把所要说明的事物下一个诠释,立一个定义。例如说明"自由",就先从"什么叫做自由"入手。这正同小学生作"房屋"的题目用"房屋是用砖头木材建筑起来的"来开头一样。平凡固然平凡,然而是文章的常轨,不能说这有什么毛病。从下诠释、立定义开了头,接下去把诠释和定义里的语义和内容推阐明白,然后来一个结尾,这

样就是一篇有条有理的说明文。蔡元培的《我的新生活观》可以说是适当的例子。那篇文章开头说：

> 什么叫做旧生活？是枯燥的，是退化的。什么叫做新生活？是丰富的，是进步的。

这就是下诠释、立定义。接着说旧生活的人不做工又不求学，所以他们的生活是枯燥的、退化的，新生活的人既要做工又要求学，所以他们的生活是丰富的、进步的。结尾说结果一个人能够天天做工求学，就是新生活的人，一个团体里的人能够天天做工求学，就是新生活的团体，全世界的人能够天天做工求学，就是新生活的世界。这见得做工求学的可贵，新生活的不可不追求。而写作这一篇的本旨也就在这里表达出来了。

再讲到议论文。议论文虽有各种，总之是提出自己的一种主张。现在略去那些细节且不说，单说怎样把主张提出来，这大概只有两种开头方式。如果所论的题目是大家周知的，开头就把自己的主张提出来，这是一种方式。譬如今年长江、黄河流域都闹水灾，报纸上每天用很多篇幅记载各处的灾况，这可以说是大家周知的了。在这时候要主张怎样救灾、怎样治水，尽不妨开头就提出来，更不用累累赘赘先叙述那灾况怎样地严重。如果所论的题目在一般人意想中还不很熟悉，那就先把它述说明白，让大家有一个考量的范围，不至于茫然无知，全不接头，然后把自己的主张提出来，使大家心悦诚服地接受，这是又一种方式。胡适的《不朽》是这种方式的适当的例子。"不朽"含有怎样的意义，一般人未必十分了然，所以那篇文章的开头说：

> 不朽有种种说法，但是总括看来，只有两种说法是真有区别的。一

种是把"不朽"解作灵魂不灭的意思。一种就是《春秋左传》上说的"三不朽"。

这就是指明从来对于不朽的认识。以下分头揭出这两种不朽论的缺点,认为对于一般的人生行为上没有什么重大的影响。到这里,读者一定盼望知道不朽论应该怎样才算得完善。于是作者提出他的主张所谓"社会的不朽论"来。在列举了一些例证,又和以前的不朽论比较了一番之后,他用下面的一段文字作结尾:

> 我这个现在的"小我",对于那永远不朽的"大我"的无穷过去,须负重大的责任;对于那永远不朽的"大我"的无穷未来,也须负重大的责任。我须要时时想着,我应该如何努力利用现在的"小我",方才可以不辜负了那"大我"的无穷过去,方才可以不遗害那"大我"的无穷未来?

这是作者的"社会的不朽论"的扼要说明,放在末了,有引人注意、促人深省的效果。所以,就构造说,这实在是一篇完整的议论文。

普通文的开头和结尾大略说过了,再来说感想文、描写文、抒情文、纪游文以及小说等所谓文学的文章。这类文章的开头,大别有冒头法和破题法两种。冒头法是不就触到本题,开头先来一个发端的方式。如茅盾的《都市文学》,把"中国第一大都市,'东方的巴黎',——上海,一天比一天'发展'了"作为冒头,然后叙述上海的现况,渐渐引到都市文学上去。破题法开头不用什么发端,马上就触到本题。如朱自清的《背影》,开头说"我与父亲不相见已二年馀了,我最不能忘记的是他的背影",就是一个适当的例子。

曾经有人说过,一篇文章的开头极难,好比画家对着一幅白纸,总得费

许多踌躇,去考量应该在什么地方下第一笔。这个话其实也不尽然。有修养的画家并不是画了第一笔再斟酌第二笔的,在一笔也不曾下之前,对着白纸已经考量停当,心目中早就有了全幅的布置了。布置既定,什么地方该下第一笔原是摆好在那里的事。作文也是一样。作者在一个字也不曾写之前,整篇文章已经活现在胸中了。这时候,该用什么方法开头,开头该用怎样的话,也都派定注就,再不必特地用什么搜寻的功夫。不过这是指有修养的人而言。如果是不能预先统筹全局的人,开头的确是一件难事。而且,岂止开头而已,他一句句一段段写下去将无处不难。他简直是盲人骑瞎马,哪里会知道一路前去撞着些什么?

文章的开头犹如一幕戏剧刚开幕的一刹那的情景,选择得适当,足以奠定全幕的情调,笼罩全幕的空气,使人家立刻把纷乱的杂念放下,专心一志看那下文的发展。如鲁迅的《秋夜》,描写秋夜对景的一些奇幻峭拔的心情,用如下的文句来开头:

> 在我的后园,可以看见墙外有两株树。一株是枣树,还有一株也是枣树。

"还有一株也是枣树"是并不寻常的说法,拗强而特异,足以引起人家的注意,而以下文章的情调差不多都和这一句一致。又如茅盾的《雾》,用"雾遮没了正对着后窗的一带山峰"来开头,全篇的空气就给这一句凝聚起来了。以上两例都属于显出力量的一类。另有一种开头,淡淡着笔,并不觉得有什么力量,可是同样可以传出全篇的情调,范围全篇的空气。如龚自珍的《记王隐君》,开头说:

怎样写作

> 于外王父段先生废簏中见一诗,不能忘。于西湖僧经箱中见书《心
> 经》,蠹且半,如遇簏中诗也,益不能忘。

这个开头只觉得轻松随便,然而平淡而有韵味,一来可以暗示下文所记王隐
君的生活,二来先行提出书法,可以作为下文访知王隐君的关键。仔细吟
味,真有说不尽的妙趣。

现在再来说结尾。略知文章甘苦的人一定有这么一种经验:找到适当
的结尾好像行路的人遇到了一处适合的休息场所,在这里他可以安心歇脚,
舒舒服服地停止他的进程。若是找不到适当的结尾而勉强作结,就像行路
的人歇脚在日晒风吹的路旁,总觉得不是个妥当的地方。至于这所谓"找",
当然要在计划全篇的时候做,结尾和开头和中部都得在动笔之前有了成竹。
如果待临时再找,也不免有盲人骑瞎马的危险。

结尾是文章完了的地方,但结尾最忌的却是真个完了。要文字虽完了
而意义还没有尽,使读者好像嚼橄榄,已经咽了下去而嘴里还有馀味,又好
像听音乐,已经到了末拍而耳朵里还有馀音,那才是好的结尾。归有光《项
脊轩志》的跋尾既已叙述了他的妻子与项脊轩的因缘,又说了修葺该轩的
事,末了说:

> 庭有枇杷树,吾妻死之年所手植也,今已亭亭如盖矣。

这个结尾很好。骤然看去,也只是记叙庭中的那株枇杷树罢了,但是仔细吟
味起来,这里头有物在人亡的感慨,有死者渺远的惆怅。虽则不过一句话,
可是含蓄的意义很多,所谓"馀味""馀音"就指这样的情形而言。我曾经作
过一篇题名《遗腹子》的小说,叙述一对夫妇只生女孩不生男孩,在绝望而纳

68

妾之后,大太太居然生了一个男孩;不久那个男孩就病死了;于是丈夫伤心得很,一晚上喝醉了酒,跌在河里淹死了;大太太发了神经病,只说自己肚皮里又怀了孕,然而遗腹子总是不见产生。到这里,故事已经完毕,结句说:

　　这时候,颇有些人来为大小姐二小姐说亲了。

这句话有点冷隽,见得后一代又将踏上前一代的道路,生男育女,盼男嫌女,重演那一套把戏,这样传递下去,真不知何年何代才休歇呢。我又有一篇小说叫做《风潮》,叙述中学学生因为对一个教师的反感,做了点越规行动,就有一个学生被除了名;大家的义愤和好奇心就此不可遏制,捣毁校具,联名退学,个个人都自视为英雄。到这里,我的结尾是:

　　路上遇见相识的人问他们做什么时,他们用夸耀的声气回答道:"我们起风潮了!"

这样结尾把全篇停止在最热闹的情态上,很有点儿力量,"我们起风潮了"这句话如闻其声,这里头含蓄着一群学生在极度兴奋时种种的心情。以上是我所写的两篇小说的结尾,现在附带提起,作为带有"馀味""馀音"的例子。
　　结尾有回顾开头的一式,往往使读者起一种快感:好像登山涉水之后,重又回到原来的出发点,坐定下来,得以转过头去温习一番刚才经历的山水一般。极端的例子是开头用的什么话结尾也用同样的话。如林嗣环的《口技》,开头说:

　　京中有善口技者。会宾客大宴,于厅事之东北隅施八尺屏幛,口技

人坐屏幛中，一桌、一椅、一扇、一抚尺而已。

结尾说：

> 忽然抚尺一下，众响毕绝。撤屏视之，一人、一桌、一椅、一扇、一抚尺而已。

前后同用"一桌、一椅、一扇、一抚尺而已"，用设备的简单冷落反衬口技表演的繁杂热闹，使人读罢了还得凝神去想。如果只写到"忽然抚尺一下，众响毕绝"，虽没有什么不通，然而总觉得这样还不是了局呢。

谈叙事 *

  照理说,凭着可见可知的事物说话作文,只要你认得清楚,辨得明白,说来写来该不会有错。

  所谓可见可知的事物是已经存在的,或是已经发生的。好比一件东西摆在你面前,不用你自己创造什么东西,可说可写的全在它自己身上。

  虽说事物摆在面前,但是不一定就说得成写得成。事物两字是总称,分开来是两项,一项是经历一段时间的"事",一项是占据一块空间的"物"。要把"事"与"物"化为语言文字说出来写出来,使人家闻而可知,见而可晓,说话作文的人先得下"化"的工夫。如果"化"不来或者"化"不好,虽然事物摆在面前,现成不过,还是说不成写不成。把经历一段时间的"事"化为语言文字,

  * 原载一九四六年七月一日《中学生》第一七七期。

叫做叙事,这工夫并不艰难。语言文字从头一句到末了一句也经历一段时间,经历一段时间就有个先后次序,这个先后次序如果按照着"事"的先后次序,这就"化"过来了。

叙事的语言文字怎样才算好,起码的条件是使人家明白那"事"的先后次序。在先的先说先写,在后的后说后写,固然可以使人家明白;尤其要紧的,对于表明时间的语句一毫不可马虎。如果漏说漏写了,或者说得含糊,写得游移,就教听的人看的人迷糊了。这儿不举例,请读者自己找几篇叙事文字来看,看那几篇文字怎样点明先后次序,怎样运用表明时间的语句。

按照"事"的先后次序叙事,那是常规。为着需要,有时候常规不能适用。譬如,叙事叙到某一个阶段,必须追叙从前的事方始明白。又如,一件事头绪纷繁,两方面三方面同时在那里进展,必须把几方面一一叙明。遇到这种情形,就不能死守着按照先后次序了。试举个例子(从茅盾所译的《人民是不朽的》录出)。

> 马利亚·铁木菲也芙娜·乞列特尼成科,师委员的母亲,七十岁的黑脸的女人,准备离开她的故乡。邻人们邀她在白天和他们同走,但是马利亚·铁木菲也芙娜正在烘烤那路上用的面包,要到晚上才能烤好。集体农场的主席却是预定次日一早走的,马利亚就决定和他同走。

若照次序先后叙下去,以下就该叙马利亚当夜怎样准备,次日怎样动身。但是读者还不知道马利亚带谁同走,她的已往经历怎么样,她舍不得离开故乡的心情怎么样。这些都有叙明的需要,于是非追叙不可了。

> 她的十一岁的孙子辽尼亚本来在基辅读书,战争爆发前三星期学

校放假,辽尼亚从基辅来看望祖母,现在还没回去。开战以后,马利亚就得不到儿子的消息,现在决定带了孙子到喀山去,投奔她的儿媳妇的一个亲戚,儿媳妇是早三年就故世了。

辽尼亚回来看望马利亚,马利亚得不到儿子的消息,儿媳妇已经故世,都是马利亚准备离开故乡以前的事。请注意"现在还没回去""现在决定带了孙子到喀山去""儿媳妇是早三年就故世了"这些语句。如果不用这些语句表明时间,非但次序先后搞不清楚,连事情的本身也弄不明白。以下叙马利亚到基辅去的情形。

从前,她的儿子常常请她到基辅和他同住在那大的公寓里……

叙她怎样在基辅各处游览,怎样因为儿子受到人们的尊敬。请注意"从前"两字,明明标明那是追叙。随后是:

一九四零那一年,马利亚·铁木菲也芙娜生了一场病,不曾到儿子那里去。但在七月,儿子随军演习,顺路到母亲这里住了两天。这一次,儿子又请母亲搬到基辅去住……

于是在父亲的坟园里,母亲对儿子说了如下的话:

"你想想,我能够离开这里吗?我打算老死在这里了。你原谅我吧,我的儿。"

这里见出她是万万舍不得离开故乡的。请注意"一九四零那一年"和"这一

次",也明明标明那是追叙。接下去是:

> 而现在,她准备离开她这故乡了。动身的前夕,她去拜访她所熟识
> 的一位老太太。辽尼亚和她一同去……

直到这里,在时间先后上才接上那头一节。其间追叙的部份计有七百字光
景。那"而现在"三字彷佛一个符号,表示追叙的那部份已经完毕,直接头一
节的叙写从此开始。现在再举个例子(从《水浒》武松打虎那一回录出):

> ……跳出一只吊睛白额大虫来。武松兄了,叫声:"啊呀!"从青石
> 上翻将下来,便拿那条哨棒在手里,闪在青石边。那大虫又饥又渴,把
> 两只爪在地下略按一按,和身望上一扑,从半空里窜将下来。武松被那
> 一惊,酒都做冷汗出了。说时迟,那时快,武松见大虫扑来,只一闪,闪
> 在大虫背后。那大虫背后看人最难,便把前爪搭在地下,把肥胯一掀,
> 掀将起来。武松只一闪,闪在一旁。大虫见掀他不着,吼一声,却似半
> 天里起个霹雳,震得那山冈也动,把这铁棒也似虎尾倒竖起来,只一剪。
> 武松欲又闪在一旁。

这里大虫的一扑和武松的第一个一闪同时,大虫的一掀和武松的第二个一
闪同时,大虫的一剪和武松的第三个一闪同时。同时发生的事情不能同时
说出写出,自然只得叙了大虫又叙武松。单就大虫方面顺次叙,或是单就武
松方面顺次叙,都无法叙明。叙述头绪更繁的事情,也只该如此。

以上说的不是什么人为的作文方法,实在是说话想心思的自然规律。世
间如果有所谓作文方法,也不过顺着说话想心思的自然规律加以说明而已。

　　咱们画图，有时候为的实用。编撰关于动物植物的书籍，要让读者明白动物植物外面的形态跟内部的构造，就得画种种动物植物的图。修建一所房子或者布置一个花园，要让住在别地的朋友知道房屋花园是怎么个光景，就得画关于这所房屋这个花园的图。这类的图，绘画动机都在实用。读者看了，明白了，住在别地的朋友看了，知道了，就体现了它的功能。

　　这类图决不能随便乱画，首先要把画的东西看得明白，认得确切。譬如画猫罢，它的耳朵怎么样，它的眼睛怎么样。你如果没有看得明白，认得确切，怎么能下手？随便画上猪的耳朵，马的眼睛，那是个怪东西，决不是猫；人家看了那怪东西的图，决不能明白猫是怎样

------

　　*　原载作者的《西川集》。

的动物。所以,要画猫就得先认清猫。其次,画图得先练成熟习的手腕,心里想画猫,手上就得画成一只猫。像猫这种动物,咱们中间谁还没有认清,可是咱们不能人人都画得成一只猫;画不成的原因,就在乎熟习的手腕没有练成。明知道猫的耳朵是怎样的,眼睛是怎样的,可是手不应心,画出来的跟知道的不相一致,这就成猪的耳朵马的眼睛,或者什么也不像了。所以,要画猫又得练成从心所欲的手腕。

咱们画图,有时候并不为实用。看见一个老头儿,觉得他的躯干,他的面部的器官,他的蓬松的头发跟胡子,线条都非常之美,配合起来,是一个美的和谐,咱们要把那美的和谐表现出来,就动手画那个老头儿的像。走到一处地方,看见三棵老柏树,那高高向上的气派,那倔强矫健的姿态,那苍然蔼然的颜色,都仿佛是超然不群的人格的象征,咱们要把这一点感兴表现出来,就动手画那三棵老柏树的图。这类的图,绘画的动机不为实用,可以说无所为。但是也可以说有所为,为的是表出咱们所见到的一点东西,从老头儿跟三棵老柏树所见到的一点东西——"美的和谐"、"仿佛是超然不群的人格的象征"。

这样的图也不能随便乱画。第一,见到须是真切的见到。人家说那个老头儿很美,你自己不加辨认,也就跟着说那个老头儿很美,这就不是真切的见到。人家都画柏树,认为柏树的挺拔之概值得画,你就跟着画柏树,认为柏树的挺拔之概值得画,这就不是真切的见到。见到不真切,实际就是无所见,无所见可是还要画,结果只画了个老头儿,画不出那"美的和谐"来;只画了三棵老柏树,画不出那"仿佛是超然不群的人格的象征"来。必须要整个的心跟事物相对,又把整个的心深入事物之中,不仅认识它的表面,并且透达它的精蕴,才能够真切地见到些什么。有了这种真切的见到,咱们的图才有了根本,才真个值得动起手来。第二,咱们的图既以咱们所见到的一点

东西为根本,就跟前一类的图有了不同之处:前一类的图只须见什么画什么,画得准确就算尽了能事;这一类的图要表现出咱们所见到的一点东西,就得以此为中心,对材料加一番选择取舍的工夫;这种工夫如果做得不到家,那么虽然确有见到,也还不成一幅好图。那老头儿一把胡子,工细的画来,不如粗粗的几笔来得好;那三棵老柏树交结着桠枝,照样的画来,不如删去了来得好;这样的考虑就是所谓选择取舍的工夫。做这种工夫有个标准,标准就是咱们所见到的一点东西。跟这一点东西没有关系的,完全不要;足以表出这一点东西的,不容放弃;有时为了要增加表出的效果,还得以意创造,而这种工夫的到家不到家,关系于所见的真切不真切;所见越真切,选择取舍越有把握;有时几乎可以到不须思索的境界。第三,跟前边说的一样,得练成熟习的手腕。所见在心,表出在手腕,手腕不熟习,根本就画不成图,更不用说好图。这个很明白,无须多说。

以上两类图,次序有先后,程度有浅深。如果画一件东西不会画得像,画得准确,怎么能在一幅画中表出咱们所见到的一点东西?必须能画前一类图,才可以画后一类图。这就是次序有先后。前一类图只凭外界的事物,认得清楚,手腕又熟,就成。后一类图也凭外界的事物,根本却是咱们内心之所见;凭这一点,它才成为艺术。这就是程度有浅深。这两类图咱们都要画,看动机如何而定。咱们要记载物象,就画前一类图;咱们要表出感兴,就画后一类图。

我的题目"以画为喻",就是借画图的情形,来比喻文字。前一类图好比普通文字,后一类图好比文艺。普通文字跟文艺,咱们都要写,看动机如何而定。为应付实际需要,咱们得写普通文字;如果咱们有感兴,有真切的见到,就得写文艺。普通文字跟文艺次序有先后,程度有浅深。写不来普通文字的人决写不成文艺;文艺跟普通文字原来是同类的东西,不过多了咱们内

心之所见。至于熟习的手腕，两方面同样重要；手腕不熟，普通文字跟文艺都写不好。手腕要怎样才算熟？要让手跟心相应，自由驱遣语言文字，想写个什么，笔下就写得出个什么，这才算是熟。我的话即此为止。

木炭习作和短小文字 *

有些美术学生喜欢作整幅的画,尤其喜欢给涂上彩色,红一大块,绿一大块,对于油彩毫不吝惜。涂满了,自己看看,觉得跟名画集里的画幅有点儿相近,就十分满意;遇到展览会,当然非送去陈列不可。因此,你如果去看什么美术学校的展览会,红红绿绿的画幅简直叫你眼花;你也许会疑心看见了一个新的宗派——红红绿绿派。

整幅的彩色画所以被这些学生喜欢,并不是没有理由的。从效用上说,这可以表示作者从人生、社会窥见的一种意义;譬如灵肉冲突啊,意志难得自由啊,都会的罪恶啊,黄包车夫的痛苦啊,都是常见的题材。从技巧上说,这可以表示作者对于光跟色彩的研究工夫;

＊　原载一九三五年三月一日《中学生》第五三号。

怎 样 写 作

人的脸上一搭青一搭黄，花瓶里的一朵大的花单是一团红，都是研究的结果。人谁不乐意把自己见到的、研究出来的告诉人家？美术学生会的是画画，当然用画来代替语言，于是拿起画笔来一幅又一幅地涂他们的彩色画。

但是从参观展览会的人这方面说，这红红绿绿派往往像一大批的谜。骤然看去，不知道画的什么，仔细看了一会，才约略猜得透大概是什么，不放心，再对准了号数检查手里的展品目录，也有猜中的，也有猜不中的。明明是一幅一幅挂在墙上的画，为什么看了还得猜？这因为画得不很像的缘故。画人不很像人，也许是远远的一簇树木；画花不很像花，也许是桌子上堆着几个绒线球。怎叫人不要猜？

像，在美术学生看来，真是不值得齿数的一个条件。他们会说，你要像，去看照相好了，不用来看画，画的终极的目标就不在乎像。话是不错。然而照相也有两种：一种是普通照相；另一种是艺术照相。普通照相就只是个像；艺术照相却还有旁的什么，可是也离开不了像。把画画得跟普通照相一样，那就近乎‘匠’了，自然不好；但是跟艺术照相一样，除了旁的什么以外，还有一个条件叫做像，并没有辱没绘画艺术。并且，丢开了像，还画什么画呢？画画的终极的目标固然不在像，而画画的基础的条件不能不是这个像。

照相靠着机械的帮助，无论普通的、艺术的，你要它不像也办不到。画画全由于心思跟手腕的运用，你没有练习到像的地步，画出来就不像。不像，好比造房子没有打下基础，你却要造起高堂大厦来，怎得不一塌糊涂，完全失败？基础先打下了，然后高堂大厦凭你造。这必需的工夫就是木炭习作。

但是，听说美术学生最不感兴味的就是木炭习作。一个石膏人头，一朵假花，要一回又一回地描画，谁耐烦？马马虎虎敷衍一下，总算学过了这一门就是了。回头就嚷着弄彩色，画整幅。这是好胜的心肠，巴望自己创造出

80

几幅有价值的画来,不能说不应该。然而未免把画画的基础看得太轻忽了。并且木炭习作不只使你落笔画得像,更能够叫你渐渐明白,画一件东西,哪一些烦琐的线条可以省掉,哪一些主要的线条一丝一毫随便不得。不但叫你明白,又叫你的手腕渐渐熟练起来,可以省掉的简直不画,随便不得的决不随便。这对于你极有益处,将来你能画出不同于照相可是也像的画来,基础就在乎此。

情形正相同,一个文学青年也得下一番跟木炭习作同类的工夫,那目标也在乎像而不仅在乎像。

文学的木炭习作就是短小文字,有种种名称,小品,随笔,杂感,速写,特写,杂文,此外大概还有。照编撰文学概念的说起来,这些门类各有各的定义跟范围,不能混同;但是,不多罗嗦,少有枝叶,有什么说什么,说完了就搁笔,差不多是这些门类的共通点,所以不妨并为一谈。若说应付实际生活的需要,惟有这些门类才真个当得起"应用文"三个字;章程、契券、公文之类实在只是"公式文"而已。同时,这些门类质地单纯,写作起来比较便于照顾,借此训练手腕,最容易达到熟能生巧的境界。

训练的目标在乎像。这话怎么说呢?原来简单得很:你眼前有什么,心中有什么,把它写下来,没有走样;拿给人家看,能使人家明白你眼前的、心中的是什么:这就行了。若把画画的工夫来比拟,不就是做到了一个像字吗?这可不能够三脚两步就达到。连篇累牍写了许多,结果自觉并没有把眼前的、心中的写下来,人家也不大清楚作者到底写的什么:这样的事情往往有之。所以,虽说是类乎木炭习作的短小文字,也非郑重从事不可。譬如写一间房间,你得注意各种陈设的位置,辨认外来光线的方向,更得捉住你从那房间得到的印象。譬如写一个人物,你得认清他的状貌,观察他的举动,更得发现他的由种种因缘而熔铸成功的性情。又譬如写一点感想,你得

把握那感想的中心,让所有的语言都环拱着它,为着它而存在。能够这样当一回事做,写下来的成绩总会离像不远;渐渐进步到纯熟,那就无有不像——就是说,你要写什么,写下来的一定是什么了。

到了纯熟的时候,跟画画一样,你能放弃那些烦琐的线条,你能用简要的几笔画出生动的形象来,你能通体没有一笔败笔。你即使不去作什么长篇大品,这短小文字也就是文学作品了。文学作品跟普通文字本没有划然的界限,至多像整幅彩色画跟木炭习作一样而已。

画画不像,写作写不出所要写的,那就根本不成,别再提艺术啊文学啊那些好听的字眼。在基础上下了工夫,逐渐发展开去,却就成了艺术跟文学。舍此以外,没有什么捷径。谁自问是个忠实的美术学生或者文学青年的话,先在基础上下一番刻苦的工夫吧。

语体文要写得纯粹 *

且不要说什么"通俗化",我以为要把语体文写得纯粹,也不该向文言讨救兵。

平时阅读书报,那些文章多数是语体文,随时会遇见一些文言的字眼和语句,觉得很不舒服,彷佛看见眉清目秀的面孔上长了个疙瘩。

现在随便翻开几种书报来,把这种文句抄下一些。

"同样缅怀故乡童年,他和他的伴侣并不相似。"

"他进而指出言语本身的缺陷。"

"凝眸于栅外的篱笆。"

"听!秋原中有多少冤魂咽泣。"

＊ 原载作者与夏丏尊合著的《阅读与写作》。

"一线欲晴的阳光也没有。"

"以你的材力专用于救世济人。"

"但说到妒之一字,女人似乎再也推辞不脱了。"

"谁不关心蟹的市价?"

好了,抄是抄不完的。这不过举出一些例子,并不想指摘谁的文章写得不好,所以这些文句的篇名和作者都不注明了。

只要想想,一篇文言中间——就像梁任公那样明白通畅的文言吧——如果突然来一个"这个"或者"这怎么行呢",破坏全篇的纯粹多么厉害!给读者的不快多么深切!想透了这一层就可以知道上面举出的一些例子在一篇语体文中间怎样地不协调了。

写语体文要纯粹是语体,正同写文言要纯粹是文言一样。

区别语体和文言固然可以从逐个词句下手,但是扼要的办法还在把握住一个标准。这个标准简单得很,就是"上口不上口"。凡是上口的、语言中间通行这样说的词句,都可以写进语体文,都不至于破坏语体文的纯粹。如果是不上口的、语言中间不通行这样说的词句,那大概是文言的传统,只能用在文言中间;或者是文言传统里的错误的新产品,连文言中间也不适用。

写语体文就要把握住这个标准,"上学时""放假时"等等念不上口,把"时"字写做口头通行的复音词"时候"才念得上口。语言中间没有"以××为××"这种说法,非另外找一个口头通行的说法不可。想到了一个"缅怀",一个"进而",经这个标准一提醒,当然要放弃不用。

像"凝眸于栅外的篱笆"就是我所说的文言传统里的错误的新产品。且不说无论如何通文的人口头决不会有这种说法,就是文言中间也不许有这种文句。"建国于某地","涉足于某山",在文言中间原是通行的。可是有个

限制,那动作必须是实在的:"国"实在"建"在"某地","足"实在"涉"到"某山"。至于凝眸,不过是一种虚拟的动作罢了,这就超出了限制,不能和上面两句用同样的句法。试把那一句调过来说"眸子凝在篱笆上",这成了什么意思呢?——这种文言传统里的错误的新产品,我见得很多,只是没有随时记录下来。

现在写文章的人,多数还是从文言教养里出来的。他们写语体文,有意地或者无心地用一些文言的说法,原是他们的自由。不过,如果要求语体文写得纯粹,就得随时记着上面说的那个标准。如果还关心到自己文章给与读者的影响,那个标准更不容忽略。至少编辑教科书、写作通俗读物和文艺作品的人应该特别注意。

文言教养受得很浅的,或者简直不曾受过的,那是幸福的人。他们不必费什么心思气力让自己从旧镣铐里解放出来。很教人担心的是他们当中有些人竟去捡起那副旧镣铐来套在自己的手脚上——他们在语体文里也来一点文言的词句。这样一来,他们上当了,弄得不好,还会带来上面说的那种错误的新产品。如果他们明白语体文要写得纯粹,他们自己又具有写纯粹的语体文的资格,那就不会去捡起那副旧镣铐来了。我希望关心语文教育的人随时劝说一班青年作者,因为根据我的经验,这样的青年作者很不少。至于出了题目注明"限作文言"的国文教师,我只好对他们不抱希望了。

写 话*

"作文"，现在有的语文老师改称"写话"。话怎么说，文章就怎么写。

其实，三十年前，大家放弃文言改写白话文，目标就在写话。不过当时没有经过好好讨论，大家在实践上又没有多多注意，以致三十年过去了，还没有做到真正的写话。

写话是为了求浅近，求通俗吗？

如果说写话是为了求浅近，那就必须承认咱们说的话只能表达一些浅近的意思，而高深的意思得用另外一套语言来表达，例如文言。实际上随你怎样高深的意思都可以用话说出来，只要你想得清楚，说得明白。所以写话跟意思的浅近高深没有关系，好比写文言

---

　　*　原载一九五一年一月十日《新观察》第二卷第一期。

跟意思的浅近高深没有关系一样。

至于通俗,那是当然的效果。你写的是大家说惯听惯的话,就读者的范围说,当然比较广。

那么写话是为什么呢?

写话是要用现代的活的语言写文章,不用古代的书面的语言写文章——是要用一套更好使的,更有效的语言。用现代的活的语言,只要会写字,能说就能写。写出来又最亲切。

写话是要写成的文章句句上口,在纸面上是一篇文章,照着念出来就是一番话。上口,这是个必要的条件。上不得口,还能算话吗?通篇上口的文章不但可以念,而且可以听,听起来跟看起来念起来一样的清楚明白,不发生误会。

有人说,话是话,文章是文章,难道一点距离也没有?距离是有的。话不免罗嗦,文章可要干净。话说错了只好重说,文章写错了可以修改。说话可以靠身势跟面部表情的帮助,文章可没有这种帮助。这些都是话跟文章的距离。假如有一个人,说话一向很精,又干净又不说错,也不用靠身势跟面部表情的帮助,单凭说话就能够通情达意,那么照他的话记下来就是文章,他的话跟文章没有距离。不如他的人呢,就有距离,写文章就得努力消除这种距离。可是距离消除之后,并不是写成另外一套语言,他的文章还是话,不过是比平常说的更精的话。

又有人说,什么语言都上得来口,只要你去念,辞赋体的语言像《离骚》,人工制造的语言像骈文,不是都念得来吗?这么样问的人显然误会了。所谓上口,并不是说照文章逐字逐句念出来,是说念出来跟咱们平常说话没有什么差别,非常顺,叫听的人听起来没有什么障碍,好像听平常说话一样。这得就两项来检查,一项是语言的材料——语汇,一项是语言的组织形

87

式——语法。这两项跟现代的活的语言一致，就上口，不然就不上口。我随便翻看一本小册子，看见这样的语句，是讲美国资产阶级自由主义者支配的几种刊物的："……在不重要的地方，大资产阶级让他们发点牢骚，点缀点'民主'风光，在重要的地方，则用不登广告……的办法，使他们就范。"不说旁的，单说一个"则"，就不是现代语言的语汇，是上不得口，说不来的。就在那本小册里，又看见这样的语句，是讲美国司法界的黑暗的："有好多人，未等到释放，便冤死狱中。"不说旁的，单说按照现代语言的组织形式，"冤死"跟"狱中"中间得加个"在"，说成"冤死狱中"是文言的组织形式，不是现代语言的组织形式，是上不得口，说不来的。

或许有人想，这样说未免太机械了，语言是发展的，在现代的语言里来个"则"，来个"冤死狱中"，只要大家通用，约定俗成，正是语言的发展。我想所谓语言的发展并不是这样的意思。实际生活里有那样一种需要，可是现代的语言里没有那样一种说法，只好向古代的语言讨救兵，这就来了个"咱们得好好酝酿一下"，来了个"以某某为首"。"酝酿"本来是个古代语言里的语汇，"以……为……"本来是文言的组织形式，现在参加到现代的语言里来了，说起来也顺，听起来也清：这是一种发展情形（还有别种发展情形，这儿不多说）。"则"跟"冤死狱中"可不能够同这个相提并论。现在在文章里用"则"的人很多，但是说话谁也不说"则"，可见这个"则"上不得口，又可见非"则"不可的情形是没有的。"冤死狱中"如果可以承认它是现代的语言的组织形式，那么咱们也得承认"养病医院里""被压迫帝国主义势力之下"是现代的语言的组织形式，但是谁也知道"养病"跟"被压迫"底下非加个"在"不可，不然就不成话。

还可以从另外一方面想。既然"则"可以用，那么该说"了"的地方不是也可以写成"矣"吗？该说"所以"的地方不是也可以写成"是故"吗？

诸如此类,不用现代语言的语汇也可以写话了。既然"冤死狱中"可以用,那么该说"没有知道这回事"的地方不是也可以写成"未之知"吗?该说"难道是这样吗"的地方不是也可以写成"岂其然乎"吗?诸如此类,不照现代语言的组织形式也可以写话了。如果这样漫无限制,咱们就会发现自己回到三十年以前去了,咱们写的原来是文言。所以限制是不能没有的,哪一些是现代语言的词汇跟组织形式,哪一些不是,是不能不辨的。不然,写成的文章上不得口,不像现代的语言,那是当然的事。咱们看《镜花缘》,看到淑士国里那些人物的对话觉得滑稽,忍不住要笑,就因为他们硬把上不得口的语言当话说。咱们既然要写话,不该竭力避免做淑士国的人物吗?

不愿意做淑士国的人物,最有效的办法是养成好的语言习惯。语言习惯好,写起文章来也错不到哪儿去,只要你不做作,不把写文章看成稀奇古怪的另外一套。

把写成的文章念一遍是个好办法,可以检查是不是通篇上口。不要把它当文章念,要把它当话说,看说下去有没有不上口的地方,有没有违反现代语言规律的地方,如果它不是写在纸面的文章,是你口头说的话,是不是也那样说。

还可以换个立场,站在听话的人的立场,你自己听听,那样一番话是不是句句听得清,是不是没有一点儿障碍,是不是不发生看了淑士国里那些人物的对话那样的感觉。

还有个检查的办法。你不妨想一想,你那篇文章如果不用汉字写,用拼音文字写,成不成。有人说,咱们还在用汉字,还没有用拼音文字,所以做不到真正的写话。这个话也有道理。但是,为了检查写话,就把汉字当拼音文字用,也不见得不可以。一个语词有一个或者几个音,尽可以按着音写上适

当的汉字。这样把汉字当拼音文字用,你对语言的看法就完全不同了,你会发觉有些话绝对不应该那样说,有些话只能够写在纸面,不能够放到口里。经过这样检查,再加上修正,距离真正的写话就不远了。

要写得便于听 [*]

　　报纸不仅是用眼睛看的。一个人用眼睛看用嘴读，另外一些人不用眼睛看只用耳朵听，也就知道报纸上的新闻、通讯、社论、特写说的是什么。一个人的读代替了好些人的看，这是个协作互助的办法。

　　读报是咱们生活里的经常事儿。还没完全脱盲的人，自己看报不怎么顺当，人家给他读一读，花费时间就少些，理解也透彻些。在劳动工地上，在机关团体的办公室里，休息时间到了，大家急于知道当天报纸上的重要消息和重要文章，可是报纸只有一份，归谁先看好呢？一个人挑重要的读一读，大家静心听一听，就等于所有在场的人同时看了报。这个办法不是咱们经常采用的吗？

---

　　* 原载《新闻战线》一九六〇年第一期。

　　咱们又随时开收音机听广播。国内国际的新闻报道,某工厂某公社先进的经验,某某大会实况的转播,还有文艺作品的朗诵,音乐戏曲的介绍分析,名目繁多,说也说不尽。咱们听广播其实也是看报,不过不用眼睛看而用耳朵听,听跟看完全一样,都能知道必要知道的或者乐于知道的许多事物。

　　既然听是那么重要,报纸的一切稿子,广播的一切稿子,就得经常注意,要写得便于听。便于听,是报纸读者和广播听众的要求。报社和广播电台要服务得好,必须满足读者和听众的这个要求。

　　稿子有便于听和不便于听的分别吗?

　　对于这个,要数广播员同志知道得最清楚了。他们日也广播,夜也广播,由于说得熟练,养成了听的敏感。一篇稿子拿到手里,他们就能发觉某些地方听起来有点儿障碍,该怎样说才没有障碍,凡是可以改动的稿子,他们往往建议改动。咱们听读报,听广播,也有一些经验。有时候听得完全明白,好像看了书面的文字一样。有时候心里一愣,不明白听到的话什么意思,又不便仔细揣摩,因为读报的人广播的人并不等咱们,一揣摩,以下的话就滑过去了。这就说不上完全听明白。可见便于听和不便于听的分别显然是有的。

　　写稿子只顾到用眼睛看,没顾到用嘴读用耳朵听,写成的稿子就可能不便于听。只顾到用眼睛看,语句繁复点儿累赘点儿就无所谓,一遍看不明白,再看一两遍就明白了。只顾到用眼睛看,就不免过分地依靠标点符号,一句话里要加入些解释的部份,来个破折号就解决了,一句话里有三层意思,用两个分号一个句号就算交代清楚了。只顾到用眼睛看,并列的几件事物写在一块儿,可以不管说法是不是整齐一致,音节是不是匀称顺当,反正字写在纸上,人家看了总能明白。只顾到用眼睛看,有时候找不到恰当的词

就来杜撰,好在单个汉字是有意义的,拿大致用得上的两个字三个字凑在一块儿,也可以叫人家意会了。咱们从听的方面着想,前边说到的几种情形都可能是听的时候的障碍。听只听一遍,听了前一句还要听后一句,听了前一段还要听后一段,繁复累赘的语句可能成为听的人理解上的疙瘩。标点符号是听不出来的,听得出来的是语气和停顿,要是使用的标点符号跟语气和停顿不相应,可能使听的人感到别扭。并列的几件事物排在一块儿说,说法要一样,音节要协调,音节少的在前,音节多的在后,这是咱们说话的传统习惯。不顾到这个习惯,你以为写的是并列的几件事物,可能使听的人认为并非并列的几件事物。几个单个汉字拼凑成功的杜撰的词,听的时候可能完全不知道是哪几个字,因而完全不知道这个词表示什么意义。

如果写稿子顾到用嘴读、用耳朵听,情形就不同了。顾到听,就会要求写下来的稿子能够读。稿子哪有不能够读的? 按稿子上写的字一个个念出声来,什么稿子都能够读。这儿说的能够读,是要念下去顺当流畅,语气和音节非常自然,跟平时说话一样,没有含糊的不确切的词语,没有罗嗦的不起作用的词语,这才叫能够读。咱们常常听人说某一类文章只能够看不能够读,或者说某人的文章只能够看不能够读,可见放到嘴上去检验,能够读不能够读确然有分别。要求写下来的稿子能够读,同时就是顾到听,因为能够读的文章就是便于听的文章。

稿子写完就算数,当然不是妥当的办法。念几遍,看看是不是能够读,大概是必要的。有好些朋友听了这个话,亲自试验了。他们说,的确有道理,一顾到读,一遍又一遍,就改动了不少地方,原来在先是只顾到看,没顾到读和听。一顾到读和听,在先写得不怎么妥当的地方就显出来了,该怎么改动也好像就在口头,就在笔端,不用费多大劲儿就能够抓住似的。

譬如说一件事情发生的时间,咱们常常用"在……的时候"的方式,安在

句子的开头,下边才说那件事情怎么样。有时候说明时间需要很多话,似乎全都不能省,就一股脑儿写下来,在"在"和"的时候"之间插入了几十个字。又如除开某部份专说另外的部份,咱们常常用"除……外"的方式,安在句子的开头,下边才说另外的部份。有时候说明那除开的部份需要很多话,似乎全都不能省,就一股脑儿写下来,在"除"和"外"之间插入了几十个字。诸如此类的情形,只顾到用眼睛看,觉得没有什么。用嘴一读,可就觉得有点儿不顺当了。"的时候"距离"在"太远了,"外"距离"除"太远了,好像彼此照顾不到似的,语气有点儿不连贯似的。尤其是那么长的"在……的时候"和"除……外"还不是主要的话,主要的话还在后头。要是主要的话倒并不长,就有小脑袋戴大帽子的感觉,要是主要的话也很长,即使组织严密,关系分明,读起来也够吃力的了。读起来觉得如此,听起来怎么样就可想而知。于是咱们着手改动,或者改换方式,或者精简一些可说可不说的话,做到读起来顺当不吃力为止。读起来顺当不吃力,那就便于听了。

说长句不该用,谁也知道这是武断。意思有那么多,短句哪里容纳得下?但是,为了能够读,便于听,似乎可以这么说:尽量少用长句,凡是能够分为几句而不损害意思和情态的长句尽量分。此外似乎还可以像用钱一样坚持节约,使长句变得短些。用钱是可用可不用者不用,咱们写稿子也来个节约,无论一个形容语,一个插语,一个"了"字或者"着"字,可写可不写者不写。要检查出什么地方可以节约,应该节约,最便利的方法是用嘴读。讲究节约的稿子,干净利落,那就便于听了。

语句里的动词跟宾语和动词跟补语之类,前后呼应的连词跟连词和连词跟副词之类,咱们下笔的时候偶尔疏忽,会成为结构不配合,前后不呼应。用嘴一读,疏忽之处就检查出来了。咱们平时养成的这种习惯好比勘察器,凭这种勘察器,哪儿不配合,哪儿不呼应,很难躲得过去。还有一些勉强凑

合的杜撰的词,不自觉地漏出来的方言土语,只要放到嘴上一读,自己就觉得拗口。再替别人想想,别人听到这些地方,准会只听见声音,不明白什么意思。于是咱们着手改动,结果不配合的配合了,不呼应的呼应了,拗口的不拗口了,读下去像活泼的流水一样,听起来也就很顺当而没有障碍了。

写这篇短文的动机是从听读报、听广播引起的,意思很浅薄,可也表达了读者和听众的殷切的期望。恳请执笔的同志们指教。

　　《文字改革》今年第三期登了吕叔湘先生的一篇文章,题目叫《拼音字母和文风》。吕先生说"文章的风格跟所用的文字的形式密切相关"。他拿两段文章做例子,一段文章用汉字写用拼音字母写都成,另一段文章如果不用汉字而用拼音字母写,"可能有些读者对于里边的某些词语始终弄不明白是怎么回事"。

　　吕先生的看法我完全赞同。我很早就这么想,假如使用拼音文字,文章的风格必然要有所改变,决不能完全照现在的样子。现在的文章是依靠汉字的,放弃汉字,改用拼音,如果原封不动,把一个个汉字拼出来,作者自己准不会满意。那时候作者一定想到一个问题,像这样的拼音文字的文章,能使读者完全看懂,不感觉

<hr />

　　* 原载《文字改革》一九六〇年第五期。

一点障碍,不发生一点误会吗?回答的话就跟在后头,未必能使读者完全看懂吧。未必能使读者完全看懂的文章,认真负责的作者怎么会满意呢?于是知道改用拼音不仅是把汉字改成拼音文字的事,更重要的是文章的风格也得改。

说现在的文章依靠汉字,就是说,咱们看了一连串的汉字,只要认得字形,了解字义,就能领会全篇的意义。这一连串的汉字组织起来,固然按照汉语的规律,可是不很顾到"上口"和"入耳"两个条件,换句话说,不很顾到便于说和听。这是很自然的事,并非作者存心贪懒。有汉字摆在那里,只要看就是了,说起来拗口不拗口,听起来陌生不陌生,似乎都不关重要。

使用拼音文字,情形就不同了。拼音文字当然也有定形,也是某个定形表示某个意义。但是就整篇文章说,必须充分顾到"上口"和"入耳"两个条件,说起来挺顺当,听起来不含糊,才能使读者完全懂。拼音文字的文章着重依靠声音,所以要禁得起说和听的考验。写拼音文字的文章,只要顾到这一点,风格自然不能跟用汉字写的文章完全一样。

以下另外说一点意思。

现在咱们写文章用汉字,不用拼音文字,是不是也该充分顾到"上口"和"入耳"两个条件,也该要求禁得起说和听的考验呢?我想是应该的,因为情势已经发展到这样地步,文章不光是用眼睛看看就算,需要放到嘴上去说,用耳朵来听的场合太多了。

读报小组,读书小组,大会发言,广播,朗诵,诸如此类的场合,不都是由一个人或者几个人拿现成的文章放到嘴上去说,此外多数人就用耳朵来听吗?说出来的只是一连串声音,听到的就是这一连串声音,汉字不再起媒介的作用。这时候,听的人能否完全听懂,要看说的人能否尽量说好,更要看拿来说的文章能否尽量写好。要是文章不很顾到"上口"这个条件,说起来

即使格外努力,多方注意,想把它说好,也不能使听的人句句"入耳",完全听懂。这样的经验,做广播员的,当朗诵者的,印象最深刻。咱们在收音机旁边,在小组或者大会的会场里,静心细听,也常常会感觉文章确实要顾到"上口"和"入耳",才能充分地起交流思想的作用。

"上口"是就说的方面说,"入耳"是就听的方面说,其实是一回事。"上口"的文章必然"入耳",反过来,不怎么"入耳"的文章就因为它不怎么"上口"。既然文章应用在说和听的场合越来越广,写文章就有顾到"上口"和"入耳"的必要。关键在乎"上口",前边已经说过,"上口"的文章必然"入耳"。

文章当然要加工,但是要在平常说话习惯的基础上加工,做到比平常说话更好。无论斟酌用修辞手段或者描写技巧,考虑用简炼的短句还是繁复的长句,准备用文言词语或者如吕先生所说的"发掘口语潜力",总之抓紧一点:是不是合乎平常说话习惯。平常有这么说的,习惯这么说的,并不是生撰生造,才决定用上,否则一概不用。真能做到这一点,写成的文章就禁得起说和听的考验,说起来"上口",听起来"入耳"。有些文章禁不起这个考验,多半由于只照顾到内容,可是疏忽了平常说话习惯。或者也注意了加工,可是疏忽了要在平常说话习惯的基础上加工。

现在咱们写文章用汉字,是不是可以拿汉字当拼音文字看待呢?当然可以。拼音文字表音,汉字也表音。只要设想改用拼音文字的时候文章该怎么写就怎么写,不就可以用汉字而避免依靠汉字的弊病,形成便于说和听的新风格了吗?这个话说说容易,实践起来并不简单。但是我相信,为了使文章充分地起交流思想的作用,凡是执笔的人,作者,记者,编辑员,一切文件的撰稿者,都愿意朝这个方向努力。

「通」与「不通」 *

　　讲到一篇文章，我们常常用"通"或"不通"的字眼来估量。在教师批改习作的评语里，这些字眼也极易遇见。我们既具有意思情感，提笔写作文章，到底要达到怎样的境界才算得"通"？不给这"通"字限定一个界域，徒然"通"啊"不通"啊大嚷一通，实在等于空说。假若限定了"通"字的界域，就如作其他事情一样定下了标准，练习的人既有用功的趋向，评判的人也有客观的依据。同时，凡不合乎这限定的界域的，当然便是"不通"。评判的人即不至单凭浑然的感觉，便冤说人家"不通"；而练习的人如果犯了"不通"的弊病，自家要重复省察，也不至茫无头绪。

　　从前有一些骄傲的文人，放眼当世文坛，觉得很少值

* 原载中学生杂志社编的《写作的健康与疾病》。

得称数的人，便说当世"通"人少极了，只有三五个；或者说得更少，就只有一个——这一个当然是自己了。这些骄傲的文人把个"通"字抬得那么博大高深，决不是我们中学生作文的标准。我们只须从一般人着想，从一般人对自己的写作能力的期望着想来限定"通"字的界域，这样的界域就很够我们应用。我们中学生不一定要做文人，尤其不要做骄傲的文人。

我们期望于我们的写作能力，最初步而又最切要的，是在乎能够找到那些适合的"字眼"也就是适合的"词"。怎样叫作适合呢？我们内面所想的是这样一件东西，所感的是这样一种情况，而所用的"词"刚好代表这样一件东西，这样一种情况，让别人看了不至感到两歧的意义，这就叫作适合。同时，我们还期望能够组成调顺的"语句"，调顺的"篇章"。怎样叫作调顺呢？内面的意思情感是浑凝的，有如球，在同一瞬间可以感知整个的含蕴；而语言文字是连续的，有如线，须一贯而下，方能表达全体的内容。作文同说话一样，是将线表球的工夫，能够经营到通体妥帖，让别人看了便感知我们内面的意思情感，这就叫作调顺。适合的"词"犹如材料，用这些材料，结构为调顺的"篇章"，这才成功一件东西。

动笔写作之前，谁不抱着上面所说的期望呢？这种期望是跟着写作的欲望一同萌生的。惟有"词"适合，"篇章"调顺，方才真个写出了我们所想写的。否则只给我们的意思情感铸了个模糊甚至矛盾的模型而已。这违反所以要写作的初意，绝非我们所甘愿的。

在这里，所谓"通"的界域便可限定了。一篇文章怎样才算得"通"？"词"使用得适合，"篇章"组织得调顺，便是"通"。反过来，"词"使用得乖谬，"篇章"组织得错乱，便是"不通"。从一般人讲，只用这么平淡的两句话就够了。这样的"通"没有骄傲的文人所说的那样博大高深，所以是不论何人都可能达到的，并且是必须达到的。

　　既已限定了"通"的界域，我们写成一篇文章，就无妨自家来考核，不必待教师的批订。我们先自问，使用的"词"都适合了么？要回答这个问题，先得知道不适合的"词"怎样会参加到我们的文章里来。我们想到天，写下"天"字，想到汹涌的海洋，写下"汹涌的海洋"几个字，这其间，所写与所想一致，决不会有不适合的"词"闯入。但在整篇的文章里，情形并不全是这么简单。譬如我们要形容某一晚所见的月光，该说"各处都像涂上了白蜡"呢还是说"各处都浸在碧水一般的月光里"？或者我们要叙述足球比赛，对于球员们奔驰冲突的情形，该说"拼死斗争"呢还是说"奋勇竞胜"？这当儿就有了斟酌的馀地。如果我们漫不斟酌，或是斟酌而决定得不得当，不合适的"词"便溜进我们的文章来了。漫不斟酌是疏忽，疏忽常常是贻误事情的因由，这里且不去说它。而斟酌过了何以又会决定得不得当呢？这一半源于平时体认事物未能真切，一半源于对使用的"词"未能确实了知它们的义蕴。就拿上面的例来讲，"涂上白蜡"不及"浸在碧水里"能传月光的神态，假若决定的却是"涂上白蜡"，那就是体认月光的神态尚欠工夫；"拼死斗争"不及"奋勇竞胜"合乎足球比赛的事实，假若决定的却是"拼死斗争"，那就是了知"拼死斗争"的义蕴尚有未尽。我们作文，"词"不能使用得适合，病因全在这两端。关于体认的一点，只有逐渐训练我们的思致和观察力。这是一步进一步的，在尚不曾进一步的当儿，不能够觉察现在一步的未能真切。关于义蕴的一点，那是眼前能多用一些工夫就可避免毛病的。曾见有人用"聊寞"二字，他以为"无聊"和"寂寞"意义相近，拼合起来大概也就是这么一类的意义，不知这是使人不解的。其实他如果翻检过字典辞书，明白了"无聊"和"寂寞"的义蕴就不至写下这新铸而不通的"聊寞"来了。所以勤于翻检字典辞书，可使我们觉察哪些"词"在我们的文章里是适合的而哪些是不适合的。他人的文章也足供我们比照。在同样情形之下，他人为什么使用这个"词"

不使用那个"词"呢？这样问，自会找出所以然，同时也就可以判定我们自己所使用的适合或否了。还有个消极的办法，凡义蕴和用法尚不能确切了知的"词"，宁可避而不用。不论什么事情，在审慎中间往往避去了不少的毛病。

其次，我们对自己的文章还要问，组织的"语句"和"篇章"都调顺了么？我们略习过一点文法，就知道在语言文字中间表示关系神情等，是"介词""连词""助词"等的重要职务。这些"词"使用得不称其职，大则会违反所要表达的意思情感，或者竟什么也不曾表达出来，只在白纸上涂了些黑字；小也使一篇文章琐碎涩拗，不得完整。从前讲作文，最要紧"虚字"用得通，这确不错；所谓"虚字"就是上面说的几类"词"。我们要明白它们的用法，要自己检查使用它们得当与否，当然依靠文法。文法能告诉我们这一切的所以然。我们还得留意我们每天每时的说话。说话是不留痕迹在纸面的文章。发声成语，声尽语即消逝，如其不经训练，没养成正确的习惯，随时会发生错误。听人家演说，往往"那么，那么""这个，这个"特别听见得多，颇觉刺耳。仔细考察，这些大半是不得当的，不该用的。只因口说不妨重复说，先说的错了再说个不错的，又有人身的姿态作帮助，所以仍能使听的人了解。不过错误终究是错误。说话常带错误，影响到作文，可以写得教人莫明所以。蹩脚的测字先生给人代写的信便是个适宜的例子；一样也是"然而""所以"地写满在信笺上，可是你只能当它神签一般猜详，却不能确切断定它说的什么。说话常能正确，那就是对于文法所告诉我们的所以然不单是知，并且有了遵而行之的习惯。仅靠文法上的知足呆板的，临到作文，逐处按照，求其不错，结果不过不错而已。遵行文法成为说话的习惯，那时候，怎么恰当地使用一些"虚字"，使一篇文章刚好表达出我们的意思情感，几乎如灵感自来，不假思索。从前教人作文，别的不讲，只教把若干篇文章读得烂熟。我

102

们且不问其它,这读得烂熟的办法并不能算坏。读熟就是要把一些成例化为习惯。现在我们写的是"今话文",假若说话不养成正确的习惯,虽讲求文法,也难收十分的效果。一方讲求文法,了知所以然,同时把了知的化为说话的习惯,平时说话总不与之相违背,这才于作文上大有帮助。我们写成一篇文章,只消把它诵读几遍,有不调顺的所在自然会发见,而且知道应该怎样去修改了。

"词"适合了,"篇章"调顺了,那就可以无愧地说,我们的文章"通"了。

这里说的"通"与"不通",专就文字而言,是假定内面的思想情感没有什么毛病了的。其实思想情感方面的毛病尤其要避免。曾见小学生的练习簿,说到鸦片,便是"中国的不强皆由于鸦片",说到赌博,便是"中国的不强皆由于赌博"。中国不强的原由这样简单么?中国不强果真"皆由"所论到的一件事物么?这样一反省,便将自觉意思上有了毛病。要避免这样的毛病在于整个的生活内容的充实,所以本篇里说不到。

“好”与“不好”*

　　提笔作文,如果存心这将是“天地间之至文”,或者将取得“文学家”的荣誉,就未免犯了虚夸的毛病。“天地间之至文”历来就有限得很,而且须经时间的淘汰才会被评定下来。岂是写作者动笔的时候自己可以判定的?“文学家”呢,依严格说,也并不是随便写一两篇文章可以取得的——只有不注重批评的社会里才到处可以遇见“文学家”,这样的“文学家”等于能作文完篇的人而已。并且,这些预期与写作这件事情有什么关系呢?存着这些预期,文章的本身不会便增高了若干的价值。所以“至文”呀,“文学家”呀,简直不用去想。临到作文,一心一意作文就是了。作文是我们生活里的一件事情。我们作其他事情总愿望作得很好,作文当然

　　　* 原载中学生杂志社编的《写作的健康与疾病》。

104

也不愿望平平而止。前此所说的"通",只是作文最低度的条件。文而"不通",犹如一件没制造完成的东西,拿不出去的。"通"了,这其间又可以分作两路:一是仅仅"通"而已,这像一件平常的东西,虽没毛病,却不出色;一是"通"而且"好",这才像一件精美的物品,能引起观赏者的感兴,并给制作者以创造的喜悦。认真不肯苟且的人,写一篇文章必求它"通",又望它能"好",是极自然的心理。自己的力量能够做到的,假若不去做到,不是会感到像偷工减料一般的抱歉心情么?

怎样才能使文章"好"呢?或者怎样是"不好"的文章呢?我不想举那些玄虚的字眼如"超妙""浑厚"等等来说,因为那些字眼同时可以拟想得很多,拿来讲得天花乱坠,结果把握不定它们的真切意义。我只想提出两点,说一篇文章里如果具有这两点,大概是可以称为"好"的了;不具有呢,那便是"不好"。这两点是"诚实"与"精密"。

在写作上,"诚实"是"有什么说什么",或者是"内面怎样想怎样感,笔下便怎样写"。这个解释虽浅显,对于写作者却有一种深切的要求,就是文字须与写作者的思想、性情、环境等一致。杜甫的感慨悲凉的诗是"好"的,陶渊明的闲适自足的诗是"好"的,正因为他们所作各与他们的思想、性情、环境等一致,具有充分的"诚实"。记得十五六岁的时候,有一个同学死了,动手作挽文。这是难得遇到的题目。不知怎样写滑了手,竟写下了"恨不与君同死"这样意思的句子来。父亲看过,抬一抬眼镜问道:"你真这样想么?"哪里是真?不过从一般哀挽文字里看到这样的意思,随便取来填充篇幅罢了。这些句子如果用词适合,造语调顺,不能说"不通"。然而"不好"是无疑的,因为内面并非真有这样的情感,而纸面却这样说,这就缺少了"诚实"。我又想到有一些青年写的文章。"人生没有意义"啊,"空虚包围着我的全身"啊,在写下这些语句的时候,未尝不自以为直抒胸臆。但是试进一步自问:什么

是"人生"？什么是"有意义"？什么是"空虚"？不将踌躇疑虑，难以作答么？然而他们已经那么写下来了。这其间"诚实"的程度很低，未必"不通"而难免于"不好"。

也有人说，文章的"好""不好"，只消从它的本身评论，不必问写作者的"诚实"与否；换一句说，就是写作者无妨"不诚实"地写作，只要写来得法，同样可以承认他所写是"好"的文章。这也不是没有理由。古人是去得遥遥了，传记又多简略，且未能尽信；便是并世的人，我们又怎能尽知他们的心情身世于先，然后去读他们的文章呢？我们当然是就文论文；以为"好"，以为"不好"，全凭着我们的批评知识与鉴赏能力。可是要注意，这样的说法是从阅读者的观点说的。如果转到写作者的观点，并不能因为有这样的说法就宽恕自己，说写作无需乎一定要"诚实"。这其间的因由很明显，只要这样一想就可了然。我们作文，即使不想给别人看，也总是出于这样的要求：自己有这么一个意思情感，觉得非把它铸成个定型不可，否则便会爽然若失，心里不舒服。这样提笔作文，当然要"诚实"地按照内面的意思情感来写才行。假若虚矫地搀入些旁的东西，写成的便不是原来那意思情感的定型，岂非仍然会爽然若失么？再讲到另一些文章，我们写来预备日后自己复按，或是给别人看的。如或容许"不诚实"的成份在里边，便是欺己欺人，那内心的愧疚将永远是洗刷不去的。爽然若失同内心愧疚纵使丢开不说，还有一点很使我们感觉无聊的，便是"不诚实"的文章难以写得"好"。我们不论做什么事情，发于自己的，切近于自己的，容易做得"好"；虚构悬揣，往往劳而少功。我们愿望文字写得"好"，而离开了自己的思想、性情、环境等，却向毫无根据和把握的方面乱写，怎能够达到我们的愿望呢？

到这里，或许有人要这样问：上面所说，专论自己发抒的文章是不错的，"不诚实"便违反发抒的本意，而且难以写得"好"；但是自己发抒的文章以外

还有从旁描叙的一类,如有些小说写强盗和妓女的,若依上说,便须由强盗妓女自己动手才写得"好",为什么实际上并不然呢?回答并不难。从旁描叙的文章少不了观察的工夫,观察得周至时,已把外面的一切收纳到我们内面。然后写出来,这是另一意义的"诚实";同样可以写成"好"的文章。若不先观察,却要写从旁描叙的文章,就只好全凭冥想来应付,这是另一意义的"不诚实"。这样写成的文章,仅是缺乏亲切之感这一点,阅读者便将一致评为"不好"了。

所以,自己发抒的文字以与自己的思想、性情、环境等一致为"诚实",从旁描叙的文章以观察得周至为"诚实"。

其次说到"精密"。"精密"的反面是粗疏平常。同样是"通"的文章,却有"精密"和粗疏平常的分别。写一封信给朋友,约他明天一同往图书馆看书,如果把这意思写了,用词造句又没毛病,不能不说这是一封"通"的信,但"好"是无法加上去的,因为它只是平常。或者作一篇游记,叙述到某地方去的经历,如果把所到的各地列举了,所见的风俗、人情也记上了,用词造句又没毛病,不能不说这是一篇"通"的游记,但"好"与否尚未能断定,因为它或许粗疏。文字里要有由写作者深至地发见出的、亲切地感受到的意思情感,而写出时又能不漏失它们的本真,这才当得起"精密"二字,同时这便是"好"的文章。有些人写到春景,总是说"桃红柳绿,水碧山青",无聊的报馆访员写到集会,总是说"有某人某人演说,阐发无遗,听者动容"。单想敷衍完篇,这样地写固是个办法;若想写成"好"的文章,那是无论如何做不到的。必须走向"精密"的路,文章才会见得"好"。譬如柳宗元《小石潭记》写鱼的几句:"潭中鱼可百许头,皆若空游无所依。日光下澈,影布石上,怡然不动,俶尔远逝,往来翕忽,似与游者相乐。"是他细玩潭中的鱼,看了它们动定的情态,然后写下来的。大家称赞这几句是"好"文字。何以"好"呢?因为能传潭鱼

的神。而所以能传神，就在乎"精密"。

不独全篇整段，便是用一个字也有"精密"与否的分别。文学家往往教人家发现那惟一适当的字用入文章里。说"惟一"固未免言之过甚，带一点文学家的矜夸；但同样可"通"的几个字，若选定那"精密"的一个，文章便觉更好，这是确然无疑的。以前曾论过陶渊明《和刘柴桑》诗里"良辰入奇怀"的"入"字，正可抄在这里，以代申说。

这个"入"字下得突兀。但是仔细体味，却下得非常好。——除开"入"换个什么字好呢？"良辰感奇怀"吧，太浅显太平常了；"良辰动奇怀"吧，也不见得高明了多少。而且用"感"字用"动"字固然也是说出"良辰"同"奇怀"的关系，可是不及用"入"字来得圆融，来得深至。所谓"良辰"包举外界景物而言，如山的苍翠，水的潺湲，晴空的晶耀，田畴的欣荣，飞鸟的鸣叫，游鱼的往来，都在里头；换个说法，这就是"美景"，"良辰美景"本来是连在一起的。不过这"良辰美景"，它自己是冥无所知的：它固不曾自谦道"在下蹩脚得很，丑陋得很"，却也不曾一声声勾引人们说"此地有良辰美景，你们切莫错过"。所以有许多人对于它简直没有动一点心：山苍翠吧，水潺湲吧，苍翠你的，潺湲你的，我自耕我的田，钓我的鱼，走我的路，或者打我的算盘。试问，如果世人全属此辈，"良辰美景"还在什么地方？不过，全属此辈是没有的事，自然会有些人给苍翠的山色、潺湲的水声移了情的。说到移情，真是个不易描摹的境界。勉强述说，彷佛那个东西迎我而来，倾注入我心中，又彷佛我迎那个东西而去，倾注入它的底里；我与它之外不复有旁的了。而且浑忘了我与它了：这样的时候，似乎可以说我给那个东西移了情了。山也移情，水也移情，晴空也移情，田畴也移情，游鱼也移情，一切景物融和

成一整个而移我们的情时，我们就不禁脱口而出："好个良辰美景呵！"这"良辰美景"，在有些人原是视若无睹的；而另有些人竟至于移情，真是"嗜好与人异酸咸"，这种襟怀所以叫作"奇怀"。到这里，"良辰"同"奇怀"的关系已很了然。"良辰"不自"良"，"良"于人之襟怀；寻常的襟怀未必能发见"良辰"，这须得是"奇怀"；中间缀一个"入"字，于是这些意思都含蓄在里头了。如其用"感"字或者"动"字，除开不曾把"良辰"所以成立之故表达外，还有把"良辰"同"奇怀"分隔成离立的两个之嫌。这就成一是感动者，一是被感动者；虽也是个诗的意境，但多少总有点索然。现在用的是"入"字。看字面，"良辰"是活泼泼地流溢于"奇怀"了。翻过来，不就是"奇怀"沉浸在"良辰"之中么？这样，又不就是浑泯"辰"与"怀"的一种超妙的境界么？所以前面说用"入"字来得圆融而深至。

从这一段话看，"良辰入奇怀"的所以"好"，在乎用字的"精密"。文章里凡能这般"精密"地用字的地方，常常是很"好"的地方。

要求"诚实"地发抒自己，是生活习惯里的事情，不仅限于作文一端。要求"诚实"地观察外物，"精密"地表出情意，也不是临作文时"抱佛脚"可以济事的。我们要求整个生活的充实，虽不为着预备作文，但"诚实"的"精密"的"好"文章必导源于充实的生活，那是无疑的。

谈文章的修改 *

　　有人说,写文章只该顺其自然,不要在一字一语的
小节上太多留意。只要通体看来没有错,即使带着些
小毛病也没关系。如果留意了那些小节,医治了那些
小毛病,那就像个规矩人似的,四平八稳,无可非议,然
而也只成个规矩人,缺乏活力,少有生气。文章的活力
和生气全仗信笔挥洒,没有拘忌,才能表现出来。你下
笔,多所拘忌,就把这些东西赶得一干二净了。

　　这个话当然有道理,可是不能一概而论。至少学
习写作的人不该把这个话作为根据,因而纵容自己,下
笔任它马马虎虎。

　　写文章就是说话,也就是想心思。思想,语言,文
字,三样其实是一样。若说写文章不妨马虎,那就等于说

　　*　原载一九四六年五月一日《中学生》第一七五期。

想心思不妨马虎。想心思怎么马虎得？养成了习惯,随时随地都马虎地想,非但自己吃亏,甚至影响到社会,把种种事情弄糟。向来看重"修辞立其诚",目的不在乎写成什么好文章,却在乎决不马虎地想。想得认真,是一层。运用相当的语言文字,把那想得认真的心思表达出来,又是一层。两层功夫合起来,就叫做"修辞立其诚"。

学习写作的人应该记住,学习写作不单是在空白的稿纸上涂上一些字句,重要的还在乎学习思想。那些把小节小毛病看得无关紧要的人大概写文章已经有了把握,也就是说,想心思已经有了训练,偶尔疏忽一点,也不至于出什么大错。学习写作的人可不能与他们相比。正在学习思想,怎么能稍有疏忽？把那思想表达出来,正靠着一个字都不乱用,一句话都不乱说,怎么能不留意一字一语的小节？一字一语的错误就表示你的思想没有想好,或者虽然想好了,可是偷懒,没有找着那相当的语言文字:这样说来,其实也不能称为"小节"。说毛病也一样,毛病就是毛病,语言文字上的毛病就是思想上的毛病,无所谓"小毛病"。

修改文章不是什么雕虫小技,其实就是修改思想,要它想得更正确,更完美。想对了,写对了,才可以一字不易。光是个一字不易,那不值得夸耀。翻开手头一本杂志,看见这样的话:"上海的住旅馆确是一件很困难的事,廉价的房间更难找到,高贵的比较容易,我们不敢问津的。"什么叫做"上海的住旅馆"？就字面看,表明住旅馆这件事属于上海。可是上海是一处地方,决不会有住旅馆的事,住旅馆的原来是人。从此可见这个话不是想错就是写错。如果这样想:"在上海,住旅馆确是一件很困难的事,"那就想对了。把想对的照样写下来:"在上海,住旅馆确是一件很困难的事,"那就写对了。不要说加上个"在"字去掉个"的"字没有多大关系,只凭一个字的增减,就把错的改成对的了。推广开来,几句几行甚至整篇的修改也无非要把错的改

成对的，或者把差一些的改得更正确，更完美。这样的修改，除了不相信"修辞立其诚"的人，谁还肯放过？

　　思想不能空无依傍，思想依傍语言。思想是脑子里在说话——说那不出声的话，如果说出来，就是语言，如果写出来，就是文字。朦胧的思想是零零碎碎不成片段的语言，清明的思想是有条有理组织完密的语言。常有人说，心中有个很好的思想，只是说不出来，写不出来。又有人说，起初觉得那思想很好，待说了出来，写了出来，却变了样儿，完全不是那回事了。其实他们所谓很好的思想还只是朦胧的思想，就语言方面说，还只是零零碎碎不成片段的语言，怎么说得出来，写得出来？勉强说了写了，又怎么能使自己满意？那些说出来写出来有条有理组织完密的文章，原来在脑子里已经是有条有理组织完密的语言——也就是清明的思想了。说他说得好写得好，不如说他想得好尤其贴切。

　　因为思想依傍语言，一个人的语言习惯不能不求其好。坏的语言习惯会牵累了思想，同时牵累了说出来的语言，写出来的文字。举个最浅显的例子。有些人把"的时候"用在一切提冒的场合，如谈到物价，就说"物价的时候，目前恐怕难以平抑"，谈到马歇尔，就说"马歇尔的时候，他未必真个能成功吧"。试问这成什么思想，什么语言，什么文字？那毛病就在于沾染了坏的语言习惯，滥用了"的时候"三字。语言习惯好，思想就有了好的依傍，好到极点，写出来的文字就可以一字不易。我们普通人难免有些坏的语言习惯，只是不自觉察，在文章中带了出来。修改的时候加一番检查，如有发现就可以改掉。这又是主张修改的一个理由。

想清楚然后写

想清楚然后写，这是个好习惯。养成了这个好习惯，写出东西来，人家能充分了解我的意思，自己也满意。

谁都可以问一问自己，平时写东西是不是想清楚然后写的？要是回答说不，那么写不好东西的原因之一就在这里了（当然还有种种原因）。往后就得自己努力，养成这个好习惯。

不想就写，那是没有的事。没想清楚就写，却是常有的事。自以为想清楚了，其实没想清楚，也是常有的事。没想清楚也能写，那时候情形怎么样呢？边写边想，

---

* 这一组文章共八篇，是作者一九五八年应《教师报》的约请而写的，发表在《教师报》副刊。发表的日期是四月十一日、十八日、二十五日，五月二日、九日、十六日，六月二十七日，七月四日。

边想边写。这样地想,本该是动笔以前的事,现在却就拿来写在纸上了。假如动笔以前这样地想,还得有所增删,有所调整,然后动笔,现在却已经成篇了。

这样写下来的东西,假如把它看做草稿,再加上增删和调整的工夫才算数,也未尝不可。事实上确也有些人肯把草稿看过一两遍,多少改动几处的。但是有两点很难避免。既然写下来了,这就是已成之局,而一般心理往往迁就已成之局,懒得做太大的改动,因此,专靠事后改动,很可能不及事先通盘考虑的好,这是一点。东西写成了,需要紧迫,得立刻拿出去,连稍微改动一下也等不及,这是又一点。有这两点,东西虽然写成,可是自己看看也不满意,至于能不能叫人家充分了解我的意思,那就更难说了。

这样说来,自然应该事先通盘考虑,就是说,应该想清楚然后写。

什么叫想清楚呢?为什么要写,该怎样写,哪些必要写,哪些用不着写,哪些写在前,哪些写在后,是不是还有什么缺漏,从读者方面着想是不是够明白了……诸如此类的问题都有了确切的解答,这才叫想清楚。

要写东西,诸如此类的问题都是非解答不可的。与其在写下草稿之后解答,不如在动笔以前解答。"凡事豫则立",不是吗?

想清楚其实并不难,只要抓住关键,那就是为什么要写。如果写信,为什么要写这封信? 如果写报告,为什么要写这篇报告? 如果写总结,为什么要写这篇总结? 此外可以类推。

如果不为什么,干脆不用写。既然有写的必要,就不会不知道为什么。这个为什么好比是个根,抓住这个根想开来,不以有点儿朦胧的印象为满足,前边提到的那些问题都可以得到解答。这样地想,是思想方法上的过程,也是写作方法上的过程。写作方法跟思想方法原来是二而一的。

怕的是以有点儿朦胧的印象为满足。前边说的自以为想清楚了,其实

没想清楚,就指的这种情形。

教学生练习作文,要他们先写提纲,就是要他们想清楚然后写,不要随便一想就算,以有点儿朦胧的印象为满足。先写提纲的习惯养成了,一辈子受用不尽,而且受用不仅在写作方面。我们自己写东西,当然也要先想清楚,写下提纲,然后按照提纲顺次地写。提纲即使不写在纸上,也得先写在心头,那就是所谓腹稿。叫腹稿,岂不是已经成篇,不再是什么提纲了吗?不错,详细的提纲就跟成篇的东西相差不远。提纲越详细,也就是想得越清楚,写成整篇越容易,只要把扼要的一句化为充畅的几句,在需要接榫的地方适当地接上榫头就是了。

这样写下来的东西,还不能说保证可靠,得仔细看几遍,加上斟酌推敲的工夫。但是,由于已成之局的"局"基础好,大体上总不会错到哪里去。如果需要改动,也是把它改得更好些,更妥当些,而不是原稿简直要不得。

这样写下来的东西,基本上达到了要写这篇东西的目的,作者自己总不会感到太不满意。人家看了这样写下来的东西,也会了解得一清二楚,不发生误会,不觉得含糊。

想清楚然后写,朋友们如果没有这个习惯,不妨试一试,看效果怎样。

修改是怎么一回事

写完了一篇东西,看几遍,修改修改,然后算数,这是好习惯。工作认真的人,写东西写得比较好的人,大都有这种好习惯。语文老师训练学生作文,也要在这一点上注意,教学生在实践中养成这种好习惯。

修改究竟是怎么一回事呢?

从表面看,自然是检查写下来的文字,看有没有不妥当的地方,如果有,

就把它改妥当。但是文字是语言的记录,语言妥当,文字不会不妥当,因此,需要检查的,其实是语言。

怎样的语言才妥当,怎样的语言就不妥当呢?这要看有没有充分地确切地表达出所要表达的意思(也可以叫思想),表达得又充分又确切了,就是妥当,否则就是不妥当,需要改。这样寻根究柢地一想,就可见需要检查的,其实是意思,检查过后,认为不妥当需要修改的,其实是意思。

这本来是自然的道理,可是很有些人不领会。常听见有人说:"这篇东西基本上不错,文字上还得好好修改。"好像文字和意思是两回事,竟可以修改文字而不变更意思似的。实际上哪有这样的事?凡是修改,都由于意思需要修改,一经修改就变更了原来的意思。

譬如原稿上几层意思是这样排列的,检查过后,发觉这样排列不妥当,须得调动一下,做那样排列,这不是变更了原来的意思的安排吗?

譬如原稿上有这一层意思,没有那一层意思,检查过后,发觉这一层意思用不着,应该删去,那一层意思非有不可,必须补上,这不是增减了原来的意思的内容吗?增减内容就是变更意思。

譬如原稿上用的这个词,这样的句式,这样的接榫,检查过后,发觉这个词不贴切,应该用那个词,这样的句式和这样的接榫不顺当,应该改成那样的句式和那样的接榫,这不是变更了原来的词句吗?词句需要变更,不为别的,只为意思需要变更。前边说的不贴切和不顺当,都是指意思说的。你觉得用"发动"这个词不好,要改"推动",你觉得某地方要加个"的"字,某地方要去个"了"字,那是根据意思决定的。

说到这儿,似乎可以得到这样的理解:修改必然会变更原来的意思,不过变更有大小的不同,大的变更关涉到全局,小的变更仅限于枝节,也就是一词一句。修改是就原稿再仔细考虑,全局和枝节全都考虑到,目

的在尽可能做到充分地确切地表达出所要表达的意思。实际情形不是这样吗？

这样的理解很关重要。有了这样的理解，对修改就不肯草率从事。把这样的理解贯彻在实践中，才真能养成修改的好习惯。

把稿子念几遍

写完一篇东西，念几遍，对修改大有好处。

报社杂志社往往接到一些投稿，附有作者的信，信里说稿子写完之后没心思再看，现在寄给编辑同志，请编辑同志给看一看，改一改吧。我要老实不客气地说，这样的态度是要不得的。写完之后没心思再看，这表示对稿子不负责任。请编辑同志给看一看，改一改，这表示把责任推到编辑同志身上。编辑同志为什么非代你担负这个责任不可呢？

我们应该有个共同的理解，修改肯定是作者份内的事。

有人说，修改似乎没有止境，改了一遍两遍，还可以改第三遍第四遍，究竟改到怎样才算完事呢？我想，改到自己认为无可再改，那就算尽了责任了。也许水平高的人看了还可以再改，但是我没有他那样的水平，一时要达到他的水平是勉强不来的。

修改稿子不要光是"看"，要"念"。就是把全篇稿子放到口头说说看。也可以不出声念，只在心中默默地说。一路念下去，疏忽的地方自然会发现。下一句跟上一句不接气啊，后一段跟前一段连得不紧密啊，词跟词的配合照应不对头啊，句子的成份多点儿或者少点儿啊，诸如此类的毛病都可以发现。同时也很容易发现该怎样说才接气，才紧密，才对头，才不多不少，而这些发现正就是修改的办法。

曾经问过好些人,有没有把稿子念几遍的习惯,有没有依据念的结果修改稿子的习惯。有人说有,有人说没有。我就劝没有这种习惯的人不妨试试看。他们试了,其中有些人后来对我说,这个方法有效验,不管出声不出声,念下去觉得不顺当,顿住了,那就是需要修改的地方,再念几遍,修改的办法也就来了。

这是很容易理解的。念下去顺当,就因为语言流畅妥帖,而语言流畅妥帖,也就是意思流畅妥帖。反过去,念下去不顺当,必然是语言有这样那样的疙瘩,而语言的任何疙瘩,也就是意思上的疙瘩。写东西表达意思,本来跟说一番话情形相同,所不同的仅仅在于说话用嘴,写东西用笔。因此,用念的办法——也就是用说话的办法来检验写成的稿子,最为方便而且有效。

古来文章家爱谈文气,有种种说法,似乎很玄妙。依我想,所谓文气的最实际的意义无非念下去顺当,语言流畅妥帖。念不来的文章必然别扭,就无所谓文气。现在我们不谈文气,但是我们训练学生说话作文,特别注重语言的连贯性,个个词要顺当,句句话要顺当,由此做到通体顺当。这跟古人谈文气其实相仿。语言的连贯性怎样,放到口头去说,最容易辨别出来。修改的时候"念"稿子大有好处,理由就在这里。

平时的积累

写任何门类的东西,写得好不好,妥当不妥当,当然决定于构思、动笔、修改那一连串的工夫。但是再往根上想,就知道那一连串的工夫之前还有许多工夫,所起的决定作用更大。那许多工夫都是在平时做的,并不是为写东西作准备的,一到写东西的时候却成了极关重要的基础。基础结实,构思、动笔、修改总不至于太差,基础薄弱,构思、动笔、修改就没有着落,成绩怎样就难说了。

　　写一篇东西乃至一部大著作虽然是一段时间的事,但是大部份是平时的积累的表现。平时的积累怎样,写作时候的努力怎样,两项相加,决定写成的东西怎样。

　　现在谈谈平时的积累。

　　举个例子,写东西需要谈到某些草木鸟兽的形态和生活,或者某些人物的状貌和习性,是依据平时的观察和认识来写呢,还是现买现卖,临时去观察和认识来写呢? 回答大概是这样:多半依据平时的观察和认识,现买现卖的情形有时也有,但是光靠临时的观察和认识总不够。因为临时的观察认识不会怎么周到和真切。达到周到和真切要靠日积月累。日积月累并不为写东西,咱们本来就需要懂得某些草木鸟兽,熟悉某些人物的。而写东西需要谈到那些草木鸟兽那些人物,那日积月累的成绩就正好用上了。一般情形不是这样吗?

　　无论写什么东西,立场观点总得正确,思想方法总得对头。要不然,写下来的决不会是有意义的东西。正确的立场观点是从斗争实践中得来的。立场观点正确,思想方法就容易对头。这不是写东西那时候的事,而是整个生活里的事,是平时的事。平时不错,写东西错不到哪儿去,平时有问题,写东西不会没有问题。立场观点要正确,思想方法要对头,并不为写东西,咱们在社会主义社会里做公民本来应当这样。就写东西而言,惟有平时正确和对头,写东西才会正确和对头。平时正确和对头也就是平时的积累。

　　写东西就得运用语言。语言运用得好不好,在于得到的语言知识确切不确切,在于能不能把语言知识化为习惯,经常实践。譬如一个词或者一句成语吧,要确切地知道它的意义而不是望文生义,还要确切地知道它在哪样的场合才适用,在哪样的场合就不适用,知道了还要用过好些回,回回都得当,才算真正掌握了那个词或者那句成语。这一批词或者成语掌握了,还有其他的词或者成语没掌握。何况语言知识的范围很广,并不限于词或者成语方面? 要在

语言知识的各方面都有相当把握,显然不是一朝一夕的事,非日积月累不可。积累得多了,写东西才能运用自如。平时的积累并不是为了此时此刻要写某一篇东西,而是由于咱们随时要跟别人互通情意,语言这个工具本来就必须掌握好。此时此刻写某一篇东西,语言运用得得当,必然由于平时的积累好。

写东西靠平时的积累,不但著作家、文学家是这样,练习作文的小学生也是这样。小学生今天作某一篇文,其实就是综合地表现他今天以前知识、思想、语言等等方面的积累。咱们不是著作家、文学家,也不是小学生,咱们为了种种需要,经常写些东西,情形当然也是这样。为要写东西而注意平时的积累,那是本末倒置。但是知识、思想、语言等等方面本来需要积累,不写东西也需要积累,而所有的积累正是写东西的极重要的基础。

写东西有所为

写东西,全都有所为。如果无所为,就不会有写东西这回事。

有所为有好的一面,有不好的一面。咱们自然该向好的一面努力,对于不好的一面,就得提高警惕,引以为戒。

譬如写总结,是有所为,为的是指出过去工作的经验教训和今后工作的正确途径,藉此推进今后的工作,提高今后的工作。譬如写通信报道,是有所为,为的是使广大群众知道各方面的实况,或者是思想战线方面的,或者是生产战线方面的,藉此提高大家的觉悟,鼓动大家的干劲。譬如写文艺作品,诗歌也好,小说故事也好,戏剧曲艺也好,都是有所为,为的是通过形象把一些值得表现的人和事表现出来,不仅使人家知道而已,还能使人家受到感染,不知不觉中增添了前进的活力。要说下去还可以说许多。

就前边所举的来看,这些东西都是值得写的,所为的都是对社会主义革

命社会主义建设有好处的。从前有些文章家号召"文非有益于世不作"。现在咱们也应该号召"文非有益于世不作",当然,咱们的"益"和"世"跟前人说的不同。咱们写东西为的是有益于社会主义之世。

所为的对头了,跟上去的就是尽可能写好。还用前边所举的例子来说,写成的总结的确有推进工作提高工作的作用,写成的通信报道的确把某方面的实况说得又扼要又透彻,写成的文艺作品的确有感染人的力量,就叫写好。有所为里头本来包含这个要求,就是写好。如果不用力写好,或者用了力而写不好,那就是徒然怀着有所为的愿望,结果却变成无所为了。

从前号召"文非有益于世不作"的文章家看不起两类文章,一类是八股文,一类是"谀墓之文"。这两类文章他们也作,但是他们始终表示看不起。作这两类文章,为的是什么呢? 为要应科举考试,取得功名利禄,就必须作八股文。为要取得些润笔(就是稿费),或者要跟人家拉拢一下,就不免作些"谀墓之文"。

八股文什么样儿,比较年轻的朋友大概没见过。这儿也不必详细说明。八股文的题目有一定的范围,该怎样说也有一定的范围,写法有一定的程式。总之,要你像模像样说一番话,实际上可不要你说一句自己的真切的话。换句话说,就是要你像模像样说一番空话,说得好就可以考上,取得功名利禄。从前统治者利用八股文来笼络人,用心的坏在此,八股精神的要不得也在此。现在不写八股文了,可是有"党八股",有"洋八股",这并非指八股文的体裁而言,而是指八股精神而言。凡是空话连篇,不联系实际,不解决问题,虽然不是八股文而继承着八股精神的,就管它叫"八股"。

"谀墓之文"指墓志铭、墓碑、传记之类。一个人死了,子孙要他不朽,就请人作这类文章。作文章的人知道那批子孙的目的要求,又收下了润笔,或者还有种种社会关系,就把一个无聊透顶的人写成足为典范的正人君子。这类文章有个共通的特点,满纸是假话。假话不限于"谀墓之文",总之假话

是要不得的。

从前的文章家看不起八股文和"谀墓之文",就是不赞成说空话说假话,这是很值得赞许的。但是他们为了应试,为了润笔,还不免要写他们所看不起的文章,这样的有所为,为的无非"名利"二字,那就大可批评了。现在咱们写东西要有益于社会主义之世,咱们的有所为,为的惟此一点。如果自己检查,所为的还有其他,如"名利"之类,那就必须立即把它抛弃。惟有这样严格地要求自己,才能永远不说空话假话,写下来的东西才能多少有益于社会主义之世。

准确、鲜明、生动

写东西全都有所为。要把所为的列举出来,那是举不尽的。归总来说,所为的有两项,一项是有什么要通知别人,一项是有什么要影响别人。假如什么也没有,就不会有写东西这回事。假如有了什么而不想通知别人或者影响别人,也不会有写东西这回事。写日记和读书笔记跟别人无关,算是例外,不过也可以这样说,那是为了通知将来的自己。

通知别人,就是把我所知道的告诉别人,让别人也知道。影响别人,就是把我所相信的告诉别人,让别人受到感染,发生信心,引起行动。无论是要通知别人还是要影响别人,只要咱们肯定写些什么总要有益于社会主义之世,就可以推知所写的必须是真话、实话,不能是假话、空话。假话、空话对别人毫无好处,怎么可以拿来通知别人呢?假话、空话对别人发生坏影响,那更糟了,怎么可以给别人坏影响呢?这样想,自然会坚决地做出判断,非写真话、实话不可。

真话、实话不仅要求心里怎样想就怎样说,怎样写。譬如不切合实际的认识,不解决问题的论断,这样那样的糊涂思想,我心里的确是这样想的,就

122

照样说出来或者写下来,这是真话、实话吗?不是。真话、实话还要求有个客观的标准,就是准确性。无论心里怎样想,必须所想的是具有准确性的,照样说出来或者写下来才是真话、实话。不准确,怎么会"真"和"实"呢?"真"和"实"是注定跟准确连在一起的。

立场和观点正确的,一步一步推断下来像算式那样的,切合事物的实际的,足以解决问题的,诸如此类的话就是具有准确性的,就是名实相符的真话、实话。

准确性这个标准极重要。发言吐语,著书立说,都需要用这个标准来衡量。具有准确性的话才是真话、实话,才值得拿来通知别人,才可以拿来影响别人。

除了必须具有准确性而外,还要努力做到所写的东西具有鲜明性和生动性。

鲜明的反面是晦涩,含糊。生动的反面是呆板,滞钝。要求鲜明性和生动性,就是要求不晦涩,不含糊,不呆板,不滞钝。这好像只是修辞方面的事,其实跟思想认识有关联。总因为思想认识有欠深入处,欠透彻处,表达出来才会晦涩,含糊。总因为思想认识还不能像活水那样自然流动,表达出来才会呆板,滞钝。这样说来,鲜明性、生动性跟准确性分不开。所写的东西如果具有充分的准确性,也就具有鲜明性、生动性了。具有鲜明性、生动性,可是准确性很差,那样的情形是不能想像的。在准确性之外还要提出鲜明性和生动性,为的是给充分的准确性提供保证。

再就通知别人或者影响别人着想。如果写得晦涩,含糊,别人就不能完全了解我的意思,甚至会把我的意思了解错。如果写得呆板,滞钝,别人读下去只觉得厌倦,不发生兴趣,那就说不上受到感染,发生信心,引起行动。这就可见要达到通知别人或者影响别人的目的,鲜明性和生动性也是必要的。

写什么

许多教师都想动动笔,写些东西,这是非常好的事情,能经常写些东西,大有好处。

写东西是怎么一回事呢?无非把所见所闻所思所感想一想,想清楚了,构成个有条有理的形式,用书面语言固定下来。那些东西在脑子里的时候往往是朦胧的,不完整的。要是不准备把它写下来,朦胧地、不完整地想过一通也就算了,过些时也许就忘了。那些东西如果是无关紧要的,随便想过一通就算,也没有什么。如果是比较有意义的,对人家或者对自己有用处的,那就非常可惜,为什么不想一想,把它想清楚呢?即使不准备写下来,也可以多想几遍,构成个有条有理的形式,储藏在记忆里。但是写下来是个很有效的办法,叫你非想清楚不可。对于任何东西,不肯随便想过一通就算,非想清楚不可,这是大有价值的习惯,好处说不尽。因此,谁都应该通过经常写些东西的办法,养成这种习惯。

写什么呢?在今天,可写的东西太多了。几乎可以说,环绕着咱们的全是可写的东西,咱们所感知所领会所亲自参加的全是可写的东西。试想,思想解放,敢想敢做,领导和群众交互影响,精神面貌和实际工作的变化发展越来越快,不是值得写吗?各地普遍地兴修水利,改进耕种,创制工具,举办工业,情况各式各样,精神殊途同归,不是值得写吗?什么工程兴建了,什么矿厂投入生产了,什么地方发现丰富的矿藏了,什么地方找到极有用的野生植物了,不是值得写吗?教师最切近的是学校,就学校说,勤工俭学,教学改进,教师自己思想的不断改造,学生认识上和实践上的深刻变化,不是值得写吗?

这儿提到的这些已经不少了,可是值得写的还不止这些。那么,究竟选哪

些题目来写好呢？简单地说，自问了解得比较确切的，感受得比较深刻的，就是适于写的题目。自问了解得不怎么确切，感受得不怎么深刻，虽然是值得写的题目也不要勉强写。这样选题目写东西，可以得到写东西的好处，像前边所说的，而且所写的东西多少总有益于社会主义之世，像前几篇短文里谈到的。

经常写些东西，语文教师更有必要。语文教师要给学生讲解课文，要指导学生练习作文，要批改学生的作文，这些工作全都涉及文章的思想内容和表达方式。做好这些工作，平时要深入学习教育的方针和政策，努力钻研教学的原理和方法。如果经常能用心写些东西，这些工作将会做得更好。自己动手写，最能体会到写文章的甘苦。自己的真切的体会跟语文教学结合起来，讲解就会更透彻，指导就会更切实，批改就会更恰当。常言道熟能生巧，经常写些东西，就是达到"熟"的一个重要法门。

挑能写的题目写

前一回我说值得写的题目很多，要挑了解得比较确切的，感受得比较深刻的来写。为什么这样说呢？

某个题目值得写是一回事，那个题目我能不能写又是一回事。譬如，创制新农具改良旧农具的事，目前正像风起云涌，这当然是个值得写的题目。我能不能写呢？那要看我了解得怎样。如果我了解一两种农具创制或改良的实际情形，或者了解创制或改良的一般倾向和所得效益，就能写。如果都不甚了了，就不能写。又如，参加修建十三陵水库的义务劳动，这当然是个值得写的题目。我能不能写呢？那要看我感受得怎样。如果我从集体劳动中确有体会，或者从工地上的某个场面受到深切的感动，就能写。如果没有什么体会，也并不怎样感动，就不能写。

　　总之,不但要挑值得写的题目,还要问那个题目自己能不能写。题目既然值得写,自己又能写,写起来就错不到哪儿去。辨别能不能写,只要问自己对那个题目是否了解得比较确切,感受得比较深刻。

　　了解和感受还没到能写的程度,只为题目值得写就写,这样的事也往往有。那时候一动手立刻碰到困难,一枝笔好像干枯的泉源,渗不出一滴水来。还是用前边举过的例子来说。譬如写创制农具或改良农具的事,那农具的构造怎样,原理怎样,效用怎样,全都似懂非懂,不大清楚,那怎能写下去呢? 又如写参加修建十三陵水库的事,除了"热烈""伟大""紧张"之类的形容词再没有什么感受可说的,专用一些形容词怎能成篇呢? 存心要写这两个题目,当然有办法:暂且把笔放下,再去考察农具的创制或改良的实际情形,再去十三陵好好儿劳动几天。"再去"之后,有了了解和感受,自然就能写了。

　　题目虽然值得写,作者了解得不怎么确切,感受得不怎么深刻,就没法写。没法写而硬要写,那不是练习写东西的好办法,得不到练习的好处。咱们要养成这么一种习惯,非了解得比较确切不写,非感受得比较深刻不写,这才练习一回有一回的长进。(这儿用"练习"这个词,不要以为小看了咱们自己。咱们要学生练习作文,咱们自己每一回动笔,其实也是练习的性质。谁敢说自己写东西已经达到神乎其技的地步,从整个内容到一词一句全都无懈可击呢?)

　　写东西总是准备给人家读的,所以非为读者着想不可。读者乐意读的正是咱们的了解和感觉。道理很简单,他们读了咱们所写的东西,了解了咱们所了解的,感受了咱们所感受的,思想情感起了交流作用,经验范围从而扩大了,哪有不乐意的? 咱们不妨站在读者的地位问一问自己:如果自己是读者,对自己正要写的那篇东西是不是乐意读? 读了是不是有一些好处? 如果是的,写起来更可以保证错不到哪儿去。

论写作教学 *

　　国文课定期命题作文,原是不得已的办法。写作的根源是发表的欲望;正同说话一样,胸中有所积蓄,不吐不快。同时写作是一种技术;有所积蓄,是一回事;怎样用文字表达所积蓄的,使它恰到好处,让自己有如量倾吐的快感,人家有情感心通的妙趣,又是一回事。依理说,心中有所积蓄,自然要说话;感到说话不足以行远传久,自然要作文。作文既以表达所积蓄的为目的,对于一字一词的得当与否,一语一句的顺适与否,前后组织的是否完密,材料取舍的是否合宜,自然该按照至当不易的标准,一一求能解答。不能解答,果真表达了与否就不可知;能解答,技术上的能事也就差不多了。这样说来,从有所积蓄而打算发表,从打算发表

_____

　　*　原载作者与朱自清合著的《国文教学》。

而研求技术，都不妨待学生自己去理会好了。但是国文科写作教学的目的，在养成学生两种习惯：（一）有所积蓄，须尽量用文字发表；（二）每逢用文字发表，须尽力在技术上用工夫。这并不存在着奢望，要学生个个成为著作家、文学家；只因在现代做人，写作已经同衣食一样，是生活上不可缺少的一个项目，这两种习惯非养成不可。惟恐学生有所积蓄而懒得发表，或打算发表而懒得在技术上用工夫，致与养成两种习惯的目的相违反，于是定期命题作文。通常作文，胸中先有一腔积蓄，临到执笔，拿出来就是，是很自然的；按题作文，首先遇见题目，得从平时之积蓄中拣选那些与题目相应合的拿出来，比较的不自然。若嫌它不自然，废而不用，只教学生待需要写作的时候才写了交来，结果或许是一个学期也没有交来一篇，或许是来一篇小说一首新诗什么的，这就达不到写作教学的目的。所以定期命题作文的办法明知不自然，还是要用它。说是不得已的办法，就为此。

定期命题作文是不得已的办法，这一层意思，就教师说，非透切理解不可。理解了这一层，才能使不自然的近于自然。教师命题的时候必须排除自己的成见与偏好；惟据平时对于学生的观察，测知他们胸中该当积蓄些什么，而就在这范围之内拟定题目。学生遇见这种题目，正触着他们胸中所积蓄，发表的欲望被引起了，对于表达的技术自当尽力用工夫；即使发表的欲望还没有到不吐不快的境界，只要按题作去，总之是把积蓄的拿出来，决不用将无作有，强不知以为知，勉强的成份既少，技术上的研摩也就绰有馀裕。题目虽是教师临时出的，而积蓄却是学生原来有的。这样的写作，与著作家、文学家的写作并无二致；不自然的便近于自然了。学生经多年这样的训练，习惯养成了，有所积蓄的时候，虽没有教师命题，也必用文字发表；用文字发表的时候，虽没有教师指点，也能使技术完美。这便是写作教学的成功。

　　胜义精言,世间本没有许多。我们的作文,呕尽心血,结果与他人所作,或仅大同小异,或竟不谋而合;这种经验差不多大家都有。因此,对于学生作文,标准不宜太高。若说立意必求独创,前无古人,言情必求甚深,感通百世,那么,能文之士也只好长期搁笔,何况学生?但有一层最宜注意的,就是学生所写的必须是他们所积蓄的。只要真是他们所积蓄,从胸中拿出来的,虽与他人所作大同小异或不谋而合,一样可取;倘若并非他们所积蓄,而从依样葫芦、临时剽窃得来的,虽属胜义精言,也要不得。写作所以同衣食一样,成为生活上不可缺少的一个项目,原在表白内心,与他人相感通。如果将无作有,强不知以为知,徒然说一番花言巧语,实际上却没有表白内心的什么:写作到此地步便与生活脱离关系,又何必去学习它?训练学生写作,必须注重于倾吐他们的积蓄,无非要他们生活上终身受用的意思。这便是"修辞立诚"的基础。一个普通人,写一张便条,做一份报告,要"立诚";一个著作家或文学家,撰一部论著,写一篇作品,也离不了"立诚"。日常应用与立言大业都站在这个基础上,又怎能不在教学写作的时候着意训练?

　　学生胸中有积蓄吗?那是不必问的问题。只要衡量的标准不太高,不说二十将近的青年,就是刚有一点知识的幼童,也有他的积蓄。幼童看见猫儿圆圆的脸,眯着眼睛抿着嘴,觉得它在那里笑:这就是一种积蓄。他说"猫儿在笑",如果他会运用文字了,他写"猫儿在笑",这正是很可宝贵的"立诚"的倾吐。所以,若把亲切的观察、透彻的知识、应合环境而发生的情思等等一律认为积蓄,学生胸中的积蓄是决不愁贫乏的。所积蓄的正确度与深广度跟着生活的进展而进展;在生活没有进展到某一阶段的时候,责备他们的积蓄不能更正确更深广,就犯了期望过切的毛病,事实上也没有效果。最要紧的还在测知学生当前具有的积蓄,消极方面不加阻遏,积极方面随时诱导,使他们尽量拿出来,化为文字,写上纸面。这样,学生便感觉写作并不是

一件特殊的与生活无关的事;在技术上也就不肯马虎,总愿尽可能的尽力。待生活进展到某一阶段,所积蓄的更正确更深广了,当然仍本着"立诚"的习惯,一丝不苟地写出来,这便成了好文章。好文章有许多条件,也许可以有百端,在写作教学上势难一一顾到;但好文章有个基本条件,必须积蓄于胸中的充实而深美,又必须把这种积蓄化为充实而深美的文字,这种能力的培植却责无旁贷,全在写作教学。

不幸我国的写作教学继承着科举时代的传统,兴办学校数十年,还摆脱不了八股的精神。八股是明太祖所制定,内容要"代圣人立言",就是不要说自己的话,而要代替圣人说话,说一番比圣人所说的更详尽的话。八股的形式也有规定,起承转合,两股相对,都不容马虎。当时朝廷制定了这么一种文体来考试士子;你要去应试,自然非练习不可。但是写作的本意原不在代他人说话,而在发表自己的积蓄;即使偶尔代他人写封家信,也得问个清楚明白,待要说的话了然于胸,写来才头头是道。若照八股的办法,第一,不要说自己的话,就是不要使胸中的积蓄与写作发生联系,这便阻遏了发表的欲望了。第二,圣人去今很远,他们的书又多抽象简略,要代他们立言,势非揣摩依仿不可,从揣摩依仿到穿凿附会,从穿凿附会到不知说些什么,倒是一条便捷的路;走上了这条路,写作便成了不可思议的事了。依常理而论,写作文章,除了人类所共通的逻辑的法则与种族所共通的语言的法则不容违背以外,用什么形式该是自由的。审度某种形式适于某种内容,根据内容决定形式,权衡全在作者。所谓文无定法,意思就在此。八股却不然,无论你内容是什么,不管你勉强不勉强,总得要配合那规定的间架与腔拍。这样写下来,写得好的,也只是巧妙有趣的游戏文字,写得坏的,便成莫名其妙的怪东西了。从前一般有识见的人,知道八股绝对不足以训练写作。为求取功名起见,他们固然要学习八股;但是要倾吐胸中的积蓄,要表白内心与他人

相感通,八股是没有用处的,他们惟有努力于古文与辞赋诗词甚而至于白话小说才办得到。一些传世的著作家、文学家就是从这班有识见的人中选拔出来的。可是学习八股究竟是利禄之途,有识见的人究竟仅占少数;所以大多数人只知在八股方面做工夫,形式上好像在训练写作,实际上却与训练写作南辕北辙。其结果,不要说做不到著书立说,就是写一封通常的书信,也比测字先生的手笔高明不到多少。这并不是挖苦的话,如今在六七十岁的老辈中间还可以找到这样的牺牲者呢。八股不要了,科举废止了,新式教育兴起来了。新式教育的目标虽各有各说,但有一点为大家所公认,就是造就善于处理生活的公民。按照这个目标,写作既是生活上不可缺少的一个项目,自该完全摆脱八股的精神,顺着自然的途径,消极方面不阻遏发表的欲望,积极方面更诱导发表的欲望,这样来着手训练。无奈大家的习染太深了,提出目标是一回事,见诸实践又是一回事。实际上,便是史地理化等科,也被有意无意的认为利禄之途,成了变相的八股,而不问它与生活有什么干系。何况写作一事,直接继承着从前八股的系统,当然最容易保持八股的精神了。我八九岁的时候在书房里"开笔",教师出的题目是《登高自卑说》;他提示道:"这应当说到为学方面去。"我依他吩咐,写了八十多字,末了说:"登高尚尔,而况于学乎?"就在"尔"字"乎"字旁边博得了两个双圈。登高自卑本没有什么说的,偏要你说;单说登高自卑不行,你一定要说到为学方面去才合式:这就是八股的精神。这个话离现在将近四十年了,而现在中学生的作文本子上时常可以看到《治乱国用重典论》,《经师易得,人师难求说》,《荀子天论篇纯主人事,与向来儒家之言天者矛盾,试两申其义》,《孟子主性善,荀子主性恶,二家之说孰是?》,《上古竞于道德,中世逐于智谋,方今争于气力说》,《宁静致远说》,《蒙以养正说》,《文以气为主论》一类的题目,足见八股的精神依然在支配着现在的写作教学。这并不是说那些题目根本要不

得,如果到政治家、教育家、哲学家、史学家、文艺批评家手里,原都可以写成出色的文章。但是到中学生手里,揣量自己胸中没有什么积蓄,而题目已经写在黑板上,又非作不可;于是只得把教师提示的一点儿,书上所说到的一点儿,勉强充作内容,算是代教师代书本立言;内容既非自有,技术更无从考究,像不像且不管它,但图交卷完事。这样训练写作,不正合着八股的精神了吗?学生习惯了这样的训练,便觉写作是一件特殊的与生活无关的事;自己胸中的什么积蓄与写作不相干,必须拉扯一些不甚了了的内容,套合一个不三不四的架子,才算"作文"。有个极端的例子,对于《我的家庭》是人人都有积蓄的题目,可是有的学生也会来一套"家庭是许多人的集合体,长辈有祖父、祖母、父亲、母亲、伯父、叔父,平辈有兄、弟、姊、妹,小辈有侄儿、侄女,但是我的家庭没有这么多人"的废话。你若责备他连"我的家庭"都说不上来,未免冤枉了他;他胸中原来清清楚楚知道"我的家庭",但是他从平日所受的训练上得了一种错觉,以为老实说出来就不像"作文"了,为讨好起见,先来这么几句,不知道却是废话。所以训练者的观念合着八股的精神的时候,即使出了与学生生活非常相近的题目,也可以得到牛头不对马嘴的结果。你说学生的写作程度不好,诚然不好;但是那种变相的八股的写作程度,好了也没有多大用处。在生活上真有受用的写作训练,你并没有给他们,他们的程度又怎么会好?现在写作教学的一般情形,这两句话差不多可以包括尽了。训练写作的人只须平心静气问问自己:(一)平时对于学生的训练是不是适应他们当前所有的积蓄,不但不阻遏他们,并且多方诱导他们,使他们尽量拿出来?(二)平时出给学生作的题目是不是切近他们的见闻、理解、情感、思想等等?总而言之,是不是切近他们的生活,藉此培植"立诚"的基础?(三)学生对于作文的反映是不是认为非常自然的不做不快的事,而不认为教师硬要他们去做的无谓之举?如果答案都是否定的,便可知

道写作教学的成绩不好，其咎不尽在学生，训练者实该负大部份的责任。而训练者所以要负这种不愉快的责任，其故在无意之中保持了八股的精神。

学生写给朋友的信，还过得去；可是当教师出了《致友人书》的题目的时候，写来往往不很着拍。这种经验，教师差不多都有。为什么如此，似乎难解释，其实不难解释。平常写信给朋友，老实倾吐胸中的积蓄；内容决定形式，技术上也乐意尽心，而且比较容易安排。待教师出了《致友人书》的题目，他们的错觉以为这是"作文"，与平常写信给朋友是两回事，不免做一些拉扯套合的工夫；于是写下来的文章不着拍了。学校中出壁报，上面的论文、记载、小说、诗歌，往往使人摇头。依理说，这种文章都是学生的自由倾吐，该比命题作文出色一点，而仍使人摇头，也似乎难以解释。其实命题作文也没有什么不好，命题作文而合着八股的精神，才发生毛病；学生中了那种毛病，把胸中所积蓄与纸面所写看作互不相关的两回事，以为写壁报文章也就是合着八股的精神的"作文"；所以写下来的文章也不足观了。无论写什么文章，只要而且必须如平常写信给朋友一样，老实倾吐胸中的积蓄。现在作文已不同于从前作八股，拉扯套合的功夫根本用不到，最要紧的是"有"，而且表达出那"有"：这两层，学生何不幸而得不到训练呢？曾经看见一位先生的文章，论大学国文系"各体文习作"教材的编选，对于不懂体制的弊病，举一个青年为例。他说那个青年平时给爱人写情书，有恋爱小说作蓝本，满可以肆应不穷；但是母亲死了，要作哀启，恋爱小说这件法宝不灵了，无可奈何，只好请人代笔。我看了这段文章就想：写情书不问自己胸中的爱情如何，而要用恋爱小说作蓝本，的确是弊病；而这弊病的由来在于没有受到适当的写作训练。至于做母亲的哀启，在发表胸中所积蓄这一点上，实在与情书并无二致。单说不懂哀启的体制所以作不来哀启，好像懂了哀启体制就可以作成哀启，这样偏于形式，也是一种八股的精神。学生在不正确的

观念之下受写作训练，竟至于写情书不问自己胸中的爱情，做母亲的哀启要请人代笔；说得过火一点，这样的训练还不如不受的好。不受训练，当然得不到诱导，但也遇不到阻遏；到胸中有所积蓄，发表的欲望非常旺盛的时候，由自己的努力，写来或许像个样子。受了八股的精神的训练，却渐渐走上了岔路，结果写作一事反而成为自由倾吐的障碍。八股时代的牺牲者写一封通常的书信也比测字先生的手笔高明不到多少，便是榜样。除非如从前有识见的人那样，明知所受的写作训练不是路数，自己另辟途径来训练自己，那才可以希望在生活上终身受用。然而有识见的人在大众中间究竟仅占少数啊！

教学生阅读，一部份的目的在给他们个写作的榜样。因此，教学就得着眼于（一）文中所表现的作者的积蓄，以及（二）作者用什么功夫来表达他的积蓄。这无非要使学生知道，胸中所积蓄要达到如何充实而深美的程度，那才非发表不可；发表又要如何苦心经营，一丝不苟，那才真做到了家。学生濡染既久，自己有数，何种积蓄值得发表，决不放过；何种积蓄不必发表，决不乱写；发表的当儿又能妥为安排，成个最适合于那种积蓄的形式，便算达到了作榜样的目的。阅读的文章并不是写作材料的仓库，尤其不是写作方法的程式。在写作的时候，愈不把阅读的文章放在心上愈好。但实际情形每与以上所说不合。曾经参观若干高等学校的阅读教学，教材无非《古文观止》中所收的几篇，教师的讲解也算顾到写作训练方面；如讲李白《春夜宴桃李园序》，便说"古人秉烛夜游"点"夜"，"况阳春召我以烟景"点"春"，"会桃李之芳园"点"桃李园"，"开琼筵以坐花，飞羽觞而醉月"点"宴"：这样逐字点明，题旨才没有遗漏。又如讲苏轼《喜雨亭记》，便说"亭以雨名，志喜也"是"开门见山法"，直点"喜"字"雨"字"亭"字；"既而弥月不雨，民方以为忧"是"反跌法"，衬托下文的"喜"；以下"乃雨"，"又雨"，"大雨"，逐层点"雨"字；以

下"相与庆于庭"是官吏"喜","相与歌于市"是商贾"喜","相与忭于野"是农夫"喜":这样反覆点明,题旨才见得酣畅。把作者活生生的一腔积蓄僵化为死板板的一套程式,便是这种讲法的作用。那给与学生的暗示,彷佛《春夜宴桃李园序》与《喜雨亭记》并不是李白苏轼自己有话要说,而是他们的教师出了那两个题目要他们做的;而他们所以交得出那样两本超等的卷子,功夫全在搬弄程式,既不遗漏又且酣畅的点明题旨。从此推想开来,自然觉得写作是一种花巧;遇到任何题目,不管能说不能说,要说不要说,只要运用胸中所记得的一些程式来对付过去就行。为对付题目而作文,不为发表积蓄而作文;根据程式而决定形式,不根据内容而决定形式:这正是道地的八股精神。从前做好了八股,还可以取得功名;现在受这种类似八股的写作训练,又有什么用处呢?

你若去请教国文教师,为什么要学生作那种与他们生活不很切近的论说文,大半的回答是:毕业会试与升学考试常常出这类题目,不得不使学生预先练习。的确,毕业会试与升学考试的作文题目常常有不问学生胸中有些什么的,使有心人看了,只觉啼笑皆非。训练者忽视了学生一辈子的受用,而着眼于考试时交得出卷子;考试者不想着学生胸中真实有些什么,而随便出题目,致影响到平时的写作训练;这又是道地的八股精神。有一位主持高等考试的先生发表过谈话,说应试者的卷子"技术恶劣,思路不清",言外有不胜感慨的意思。我想,要看到"技术完美,思路清晰"的多数好卷子,须待训练者与考试者对于写作训练有了正当的观念。观念不改变,而望学生写作能力普遍地够得上标准,那便是缘木求鱼。

改变观念,头绪很多,但有一个总纲,就是:完全摆脱八股的精神。所有指导与暗示,是八股的精神,彻底抛弃;能使学生真实受用的,务必着力;这就不但改变了观念,而连实践也革新了。至于命题作文的实施,罗庸先生的

话很可以参酌。他说:"国文教师似应采取图画一课的教法,教学生多写生,多作小幅素描,如杂感短札之类,无所为而为,才是发露中诚的好机会。"(见《国文月刊》一卷三期)

阅读是写作的基础 *

　　在中小学语文教学中,基础知识和基本训练都重要,我看更要着重训练。什么叫训练呢?就是要使学生学的东西变成他们自己的东西。譬如学一个字,要他们认得,不忘记,用得适当,就要训练。语文方面许多项目都要经过不断练习,锲而不舍,养成习惯,才能变成他们自己的东西。现在语文教学虽说注意练习,其实练的不太多,这就影响学生掌握基础知识。老师对学生要求要严格。严格不是指老师整天逼着学生练这个练那个,使学生气都透不过来,而是说凡是要学生练习的,不要练过一下就算,总要经常引导督促,直到学的东西变成他们自己的东西才罢手。

　　有些人把阅读和写作看做不甚相干的两回事,而且

_____

　　* 原载一九六二年四月十日《文汇报》第二版。

特别着重写作,总是说学生的写作能力不行,好像语文程度就只看写作程度似的。阅读的基本训练不行,写作能力是不会提高的。常常有人要求出版社出版"怎样作文"之类的书,好像有了这类书,依据这类书指导作文,写作教学就好办了。实际上写作基于阅读。老师教得好,学生读得好,才写得好。这样,老师临时指导和批改作文既可以少辛苦些,学生又可以多得到些实益。

阅读课要讲得透。叫讲得透,无非是把词句讲清楚,把全篇讲清楚,作者的思路是怎样发展的,感情是怎样表达的,诸如此类。有的老师热情有馀,可是本钱不够,办法不多,对课文不能透彻理解,总希望求助于人,或是请一位高明的老师给讲讲,或是靠集体备课。这不是从根本上解决问题的办法。功夫还在自己。只靠从别人那里拿来,自己不下功夫或者少下功夫,是不行的。譬如文与道的问题,人家说文与道该是统一的,你也相信文与道该是统一的,但是讲课文,该怎样讲才能体现文道统一,还得自辟蹊径。如果词句不甚了解,课文内容不大清楚,那就谈不到什么文和道了。原则可以共同研究商量,怎样适当地应用原则还是靠自己。根本之点还是透彻理解课文。所以靠拿来不行,要自己下工夫钻研。

我去年到外地,曾经在一些学校听语文课,有些老师话说得很多,把四十五分钟独占了。其实许多话是大可不讲的。譬如课文涉及农村人民公社,就把课文放在一旁,大讲农村人民公社的优越性。这个办法比较容易,也见得热情,但是不能说完成了语文课的任务。

在课堂里教语文,最终目的在达到"不需要教",使学生养成这样一种能力,不待老师教,自己能阅读。学生将来经常要阅读,老师能经常跟在他们背后吗?因此,一边教,一边要逐渐为"不需要教"打基础。打基础的办法,也就是不要让学生只是被动地听讲,而要想方设法引导他们在听讲的时候

自觉地动脑筋。老师独占四十五分钟固然不适应这个要求，讲说和发问的时候启发性不多，也不容易使学生自觉地动脑筋。怎样启发学生，使他们自觉地动脑筋，是老师备课极重要的项目。这个项目做到了，老师才真起了主导作用。

听见有些老师和家长说，现在学生了不起，一部《创业史》两天就看完了，颇有点儿沾沾自喜。我想，且慢鼓励，最要紧的是查一查读得怎么样，如果只是眼睛在书页上跑过，只知道故事的极简略的梗概，那不能不认为只是马马虎虎地读。马马虎虎地读是不值得鼓励的。一部《创业史》没读好，问题不算大。养成了马马虎虎的读书习惯，可要吃一辈子的亏。阅读必须认真，先求认真，次求迅速，这是极重要的基本训练。要在阅读课中训练好。

阅读习惯不良，一定会影响到表达，就是说，写作能力不容易提高。因此，必须好好教阅读课。譬如讲文章须有中心思想。学生听了，知道文章须有中心思想，但是他说："我作文就是抓不住中心思想。"如果教好阅读课，引导学生逐课逐课地体会，作者怎样用心思，怎样有条有理地表达出中心思想，他们就彷佛跟作者一块儿想过考虑过，到他们自己作文的时候，所谓熟门熟路，也比较容易抓住中心思想了。

总而言之，阅读是写作的基础。

作文出题是个问题。最近有一个学校拿来两篇作文让我看看，是初中三年级学生写的，题目是《伟大鲁迅的革命精神》。两篇里病句很多，问我该怎样教学生避免这些病句。我看，病句这么多，毛病主要出在题目上。初中学生读了鲁迅的几篇文章，就要他们写鲁迅的革命精神。他们写不出什么却要勉强写，病句就不一而足了。

有些老师说《难忘的一件事》《我的母亲》之类的题目都出过了，要找几个新鲜题目，搜索枯肠，难乎其难。我想，现在老师都是和学生经常在一起

的,对学生了解得多,出题目该不会很困难。

有些老师喜欢大家挂在口头的那些好听的话,学生作文写上那些话,就给圈上红圈。学生摸准老师喜欢这一套,就几次三番地来这一套,常常得五分。分数是多了,可是实际上写作能力并没提高多少。特别严重的是习惯于这一套,往深处想和写出自己真情实意的途径就给挡住了。

老师改作文是够辛苦的。几十本,一本一本改,可是劳而少功。是不是可以改变方法呢?我看值得研究。要求本本精批细改,事实上是做不到的。与其事后辛劳,不如事前多作准备。平时不放松口头表达的训练,多注意指导阅读,钻到学生心里出题目,出了题目作一些必要的启发,诸如此类,都是事前准备。作了这些准备,改作文大概不会太费事了,而学生得到的实益可能多些。

「教师下水」*

　　在成都听一位中学老师谈,他学校的领导向语文老师提出"教师下水"的要求,很有意思。"下水"是从游泳方面借过来的。教游泳当然要讲一些游泳的道理,但是教的人熟谙水性,跳下水去游几阵给学的人看,对学的人好处更多。语文老师教学生作文,要是老师自己经常动动笔,或者作跟学生相同的题目,或者另外写些什么,就能更有效地帮助学生,加快学生的进步。经常动笔,用比喻的说法说,就是"下水"。

　　这无非希望老师深知作文的甘苦,无论取材布局,遣词造句,知其然又知其所以然,而且非常熟练,具有敏感,几乎不假思索,而自然能左右逢源。这样的时候,随时给学生引导一下,指点几句,全是最有益的启发,

---

　　*　原载一九六一年七月二十二日《文汇报》第二版。

最切用的经验。学生只要用心领会,努力实践,作一回文就有一回进步。

　　老师出身于学生。当学生的时候,谁不曾练习作文?当了老师之后,或者工作上需要,或者个人有兴趣,经常动动笔的也有。但是多数老师就只教学生作文,而自己不作文了。只教而不作,能派用场的不就是学生时代得来的一点儿甘苦吗?老话说,三日不弹,手生荆棘。这点儿甘苦永久保得住吗?固然,讲语法修辞的书,讲篇章结构的书,都可以拿来参考,帮助教学。但是真要对学生练习作文起作用,给学生切合实际的引导和指点,还在乎老师消化那些书而不是转述那些书,还在乎老师在作文的实践中深知作文的甘苦。因此,经常动动笔是大有好处的,"教师下水"确然是个切要的要求。

　　试拿改文做例子来说。给学生改文,最有效的办法是当面改。当面改可以提起笔来就改,也可以跟学生共同念文稿,遇到需要改的地方就顿住,向学生提出些问题,如"这儿怎么样""这儿说清楚了没有"之类,让学生自己去考虑。两种办法比较起来,后一种对学生更有好处。学生经这么一点醒,本来忽略了的地方他注意了,他动脑筋了。动过脑筋之后,可能的情形有二。一是他悟出来了,原稿写得不对,说该怎么样才对。这多好啊,这个不对那个对由他自己悟出,印象当然最深刻。二是他动过脑筋还是不明白,不知道老师为什么要在这儿向他提问题。这时候他感到异常困惑,在这异常困惑的时候听老师的改正,也将会终身忘不了。前面说,让学生自己去考虑的办法对学生更有好处,理由就在此。现在要说的是老师要念下去就有数,哪儿该给学生点醒,哪儿该提怎么样的问题给学生点醒最为有效,这并不是轻易办得了的。要不是对作文非常熟练,具有敏感,势将无能为力。怎么达到非常熟练,具有敏感的境界呢?惟有经常动笔,勤写多作而已。

　　当面改不是经常可行的办法。一般是把全班的文稿改好,按期给学生评讲指导。只要评讲得当,指导切要,而且能使学生真正领会,深印脑筋,当

然也是有效的办法。既然如此，就不能说某一段不怎么好，所以要改；某一句不大通顺，所以要改。必须扣得很准，辨得很明，某一段为什么不好，所以要改，某一段为什么不通顺，所以要改，评讲才有可靠的资料，指导才有确切的依据。而要处处能扣准，处处能辨明，哪怕一个"的"一个"了"，增删全有交代，哪怕一个逗号一个问号，改动全有理由，非对作文非常熟练，具有敏感不可。怎么达到非常熟练，具有敏感的境界呢？惟有经常动笔，勤写多作而已。

作文教学的事不限于改文。凡是有关作文的事，老师实践越多，经验越丰富，给学生的帮助就越大。教学的方式方法多种多样，自然要仔细研究，看准本班学生的实际，乃至某一个学生的实际，挑选适当的来用。但是老师的实践中得来的经验是根本。根本深固，再加上适当的教学的方式方法，成绩就斐然可观了。

新华通讯社曾经发动一个练笔运动，要求社中人员认真地经常地练习作文。当时我非常赞成这个运动。通讯社担任的是宣传报道工作，而直接跟读者见面的，没有别的，惟有写出来的文章。要是文章差点儿，问题不在乎文章不好，而在乎做不好宣传报道的工作。因此，练笔是非常必要的。现在说到语文老师。语文老师担任的工作，有一项是教学生作文，而教好作文，根本在乎老师深知作文的甘苦。那么，练笔不是也非常必要吗？语文老师练笔，通讯社人员练笔，目的并无不同，都是为做好所担任的工作。我非常赞成"教师下水"，乐于写这篇短文来宣传，就是为此。

还可以推广开来说几句。语文老师担任的工作，再有一项是讲读教学。讲读教学就是教学生读书。跟教作文一样，惟有老师善于读书，深有所得，才能教好读书。只教学生读书，而自己少读书或者不读书，是不容易收到成效的。因此，在读书方面，也得要求"教师下水"。

对于小学作文教授之意见 *

　　此篇就著者平日之经验之理想撰述之。篇中多
为平易朴实之理论,少陈类似教案之方法。盖理论
乃根本,乃原则,根本定,原则立,自能左右逢源,自
由肆应。方法则随事而变,难以隅反也。著者见解
具如此篇所述。但欲期一事之进于优善,尤贵多人
之共同讨究。著者颇抱此种期望。深望教育界诸君
子审查一过,或将此种理论付诸试验而评其成绩。
于此或为赞许,或加匡正,务请不吝赐教。(通讯处
吴县用直镇县立第五高等小学校。)

　　处今日之时势,小学生所需智识至多。若以悠久之

---

* 这篇文章是作者与王钟麒(伯祥)合写的,发表在一九一九年
一月一日《新潮》第一卷第一号。

岁月而练习不可限程收效之作文，实非今日所应有之事。宜以最经济之时间练成其最能切实应用之作文能力。

　　小学作文教授之目的在令学生能以文字直抒情感，了无隔阂；朴实说理，不生谬误。至于修词之工，谋篇之巧，初非必要之需求。能之固佳，不能亦不为病。（按文字大别，不出抒情论叙二类。故但言抒情及说理。）

　　目的既如上述，则选择读物殊为必要。必与以模范，始得有着手之方。其不能学及不必学之读物亟当屏绝，而选读古文自亦属不可能。古文于现时代小学生扞格颇多。请胪举之：

　　（一）陈义过高，所关至大，或学问家之所事，或谋国者之所究，与小学生现时处境绝不相关。

　　（二）时代不同，即思想互异。诵而习之，或且为推究事理之障碍。境遇不同，即感想各殊。在彼以为真切有味者，在此未必一一领略。若强令诵习，必然无益。（以上二端犹指古文之无谬点者。）

　　（三）古人持论，喜为联想，少事归纳。究其结果，瞽词累幅。效此推理论事，谬误必多。

　　（四）牢愁写恨，避地鸣高，实居抒情之古文之大部份。此于学生孟晋之气必生障碍。

　　（五）古文中每有不落边际，不可捉摸者。读之终篇，惟觉文字缴绕，茫无所得。苟取法于此，其弊为徒好虚论，语无实质。

　　或谓诵习古文，盖欲辨别历代文学之变迁，推究各种体制之沿革，反今人于古人，而体其著作之旨趣耳。殊不知此乃文学家事，而非小学生事。且文学家下此工夫，亦不过证古察变，以为自创新文学地步，并非欲舍弃自身态度，步趋古人也。令今日之小学生而模仿古人之文，决无是处。

　　今日小学作文之教授殊无把握。毕业而去者，或已臻通顺，则由于学生

之努力与习性,未必果为教授之效;或尚未通顺,则教者学者俱已殚精竭力,咎亦均非其所愿任。其实根本解决此问题,还当改换读物选择之方针。著者前已言小学作文教授之目的及古文之不宜选读矣。总之,小学生作文,初不欲求其高雅典丽,肖于古文。然则但避古文不读,遽即收效耶?此殊未必。国人习惯,酷好摹古,有所撰述,其结体琢句,亦喜力追古人。小学生得此种读物,自好者便力思仿效,不知功力未到,转成牵强不通;自弃者惮仿效之多艰,径自舍去,任意挥洒,既无独立撰述之力,而类乎自身思想之文字又无从得而仿效,其结果亦成浅陋不通。我国文字之难习,言文之异致实为其主因。方为文之际,初则搜索材料,编次先后,其所思考固与口说一致;然欲笔之于纸,则须译为文言。于是手之所写非即心之所思。其间逐译之手续殊为辛苦。求胜摹古之心弥炽,则辛苦弥甚。颇有一种人,亦尝识字,亦能运思,亦富情感,而不能下笔成文者,即此手续为之障碍。欲去此障碍,惟有直书口说,当前固尚难能,而将来终当期其达到。为今之计,使之较近口说,俾易练习,则未始不可。试思口之所说,其故为雕琢,几经烹炼者几何?即夙擅文学之人,吾知其寥寥也。然则小学生之读物亦惟求其为较近口说之文字耳。至其内容,固不因此而有所改易也。教者果能随处留意,于学生之读物,或自编,或修改,务使十分平易,有类口说,则学生临文之际,得此模范,但就情意所至,举笔照录,不必迻译,便成文字矣。或谓如此为教,则学生为文必无典丽裔皇峭拔奇突之观。则答之曰:此言似是而实非。盖思想正确,情感真挚,实质上未始不堂皇正则,初不关文字间之典丽裔皇峭拔奇突也。诚著者之说,持之勿懈,则限程收效,目的必达,固敢自信也。

作文之形式为文字,其内容实不出思想情感两端。以言思想,则积理必富而为文始佳。若但读物得宜,便令仿其词句,握管撰作,则收效犹薄。夫文无本体,必附丽于事物而后成其为文。读物之实质固亦为种种之事物;而

146

读物之外，事物正多，尤贵实际探求。宜令学者随时随地探求事物之精蕴，且必经己之思考而得答案。然后陈事说理自能确切而畅达。以言情感，则因人而异，岂能强求其同。他人抒情之作，以为酣畅淋漓者，自我视之，或竟索然。又或言过其分，转为饰伪，读者对之亦不生情感。是以选择抒情之读物，须真切有味，确具至情，可以激发学生情感者。而于平日训练能注意学生个性，因势利导而陶冶之，收效自必更巨。

心有所思，情有所感，而后有所撰作。惟初学作文，意在练习，不得已而采命题作文之办法。苟题意所含非学生所克胜，勉强成篇，此于其兴味及推理力摧残殊甚。是以教者命题，题意所含必学生心所能思。或使推究，或使整理，或使抒其情绪，或使表其意志。至于无谓之翻案，空泛之论断，即学生有作，尚宜亟为矫正；若以之命题，自当切戒。

文题取材应广博。不特学校中之所诵习所闻见可以命题，即家庭社会之事，苟学生能思议及之者，亦无不可命题。事事物物，与学生接触而引起其思想情感者，均可为文题之材料。如是，既能收各科联络之效，亦能练随遇肆应之才。不知此义，弊即随生。学生遂以为作文乃国文科中独有之事，其作用但在虚理缴绕，修词琢句，而于应用转不甚措意。迨夫事物当前，宜有所撰录，斯正应用之机会矣，而欲求应用之具竟不可得。庸讵知向以为独有之事者，正普通应用之利器耶？犯此弊者正夥，初非好为过言也。能史论不能书札，能拟古写景不能就眼前景物曲曲为之传神，即缘受此流毒。习梁益深，其弊益甚，虚而无实，文字之功用失矣。

总之，作文命题及读物选择，须认定作之者读之者为学生，即以学生为本位也。教者有思想欲发挥，有情感欲抒写，未必即可命题，因学者未必有此思想有此情感也。教者心赏某文，玩索有素，未必即可选为教材，因学生读此文，其所摄受未必同于我也。必学生能作之文而后命题，必学生宜读之

文而后选读，则得之矣。

教者或于学生作文之际示以意义，此最非所宜。教者之言动恒有一种暗示性质，势将予学生以限制。虽不强学生必从，而学生往往从之。意义既先讲出，则作文之效果充其量不过复述师言而止。甚者，学生于师意未能领解，更不免强为牵合。此习既成，其论事也，可以反无理为有理，我矛我盾萃于一篇。此于期望学生思考自由推理正确之初愿大相刺谬矣。但须讲题明白，使学生认题确切。此外手续均不必用。

学生作文，须令分段，每段之先标明含意。此法之利有二：

（一）作者起题，必先审定含义应有几段，方能扼要标明。经此手续，则一篇大体，动笔之先早已成立。意义明画，文字自然清楚。庶可免捉笔辄书，不自知其所云之弊。

（二）谈话演说，推理论事，往往一段已完，则语气停顿。下一段即不连属于前，初不必用联词为之介也。文字本济语言之穷者，彼此自当一例。而每见学生作文，有于段与段之间强用联词，转成文字之累者，有欲其一贯，强改前后两段意义，使迁就而联络者。今令分段，则遇含意多端，说理须精之文题，可逞臆直书，无牵强之弊。

今之评量文字者，往往高谈句调高古，词华典赡，而不问思想之精确完整与否。故其言作文进境每分三段：初则寥寥数十语，但求文从字顺；继则力求充畅，扩为数百语以至千语；终乃缩之使短，返于初状，而词句自古茂凝炼。颇有人持此见解以觇学生之进程。不知文字作用端在达意。意已完足，虽短何害？意犹未尽，则当长以畅言之。若必故为擒纵，则意本无多，衍充篇幅；语有未尽，强为收敛。在若辈视之，未尝不谓极行文之能事；而自我观之，殊不谓然。盖举枉错直，离实已甚，充类发达，亦不过游戏笔墨耳。著者以为小学生作文，既慎择读物以积理，则作法自当注意其意义是否精确，语句是否完整。必求合乎论理，而不贵乎虚衍。篇幅短长固应随顺意义也。即主张小学生作文必求典雅，亦须先注意于此。然后自求得之，庶不致人云亦云。若必罗列典雅语句，奇拗笔法，一一注入学生脑海，正恐劳而无功，适足助长学生之依赖性耳。

觇学生作文之进步与否，当视其推理能否正确，抒情能否绵美。果日累月积，思想盖正确而完善，情感益恳挚而缜密，即可断定为确有进步。此全属作文内容之事，而非形式之事。是以收效在作文者，用功决非仅在练习作文。盖文之所载者实质，而文之所以成者方术也。质之不存，术将焉用？昧乎此而但以作文练习作文，不及其他，其卒无成效，固应得之果矣。或者乃专务形式方术，以文篇之峭拔波折，字句之研炼雕琢，为作文之进步，而于内容实质转无所措意，亦舍本而逐末矣。其实所谓峭拔波折研炼雕琢者亦何足道？夫文，凭理推事，准情抒写，心之所至，即文之结构矣。果理真而情切，直捷写来，宁有弗当？自经文家强命篇法，斟酌章句，一若吾既有真理至情可供抒写，又必顾及其所谓峭拔波折研炼雕琢者。于是改易实质以就篇章者有之；强造语句以成开合者有之；好为艰深，愿意滋晦者有之；喜用僻字，意涉含糊者有之。求善反弊，究何取焉？或曰：子之所称，盖其流于弊，涉于歧途者耳。其不然者，固文家之上材也。答之曰：即不流于弊，不涉于歧途，亦何必于理真情切之外别加互易改换之功乎？小学生练习作文之要求，惟在理真情切而意达，即文学亦未能外此。不此之图，而务他求，即非无关，亦属旁义。小学生作文，练习既无多暇，目的又在应用；务其本，手段犹须经济；若骛旁义，虽非背道，已成异趋。终其身弗达理真、情切、意达之目的，亦未可知也。

作者于为文之实质既已理真、情切，犹未必遽能意达。吾人临文之先，往往觉有真切之理绵妙之情可供挥洒。一俟脱稿，试自讽诵，辄觉未能尽写

我怀,因此不自惬意。更以示他人,而他人所摄受又未必即吾所思考。若此者,文字之效用可谓失其大部。夫一种情意必有一种最适切之语句表示之。此最适切之语句不可借用,不可互易;当机恰合,自然意达。今于作文教授,欲期其意达,亦只须令学生注意于此。盖初学者往往有语涉含糊意若两句之文字。苟迁就放过,致成索习,终其身且有情意满腔莫能卒达之苦。故教者须一一为之辨别,若何之情意,必以若何最适切之语句表示之。一衷名理,莫为强就,则意达之的庶几可达。

批改实为作文教授之要着,自须认定标的。批改固非教者自己作文,乃修正学生所作之意义及字句也。其意义不谬误而尚有不完全之处者,不必为之增;字句已通顺而尚欠凝炼高古者,不必为之改。意义不完,乃由于学生识力之未至,而非由于推理之谬误。夫识力之程度至无定限。今时教者所见,增之于作文簿者,他日学生识力进步或竟更造其深,而觉教者所增为意有未尽。然则于学生所作增加意义,已非妥善之方法;况一为增益,又足阻遏学生当时之精究心耶?至于字句之凝炼高古,本非必要之需求。已意既达,人亦共喻,虽不凝炼高古何害?苟字句可通,而必易之以同义异构之字句,此殊足减学生之兴味及精究心。况凝炼高古,厥义虚玄,以此责之,徒使生神秘之感。是以批改只应注意于谬误之推理,不通之字句。外此之事,不妨于发还时评论及之。如某处意义有未完之处,补入如何如何一层,则较完整而周密;某处字句有粗疏之嫌,倘作如何如何说法,则较精当而经济。如是,既重视学生精究之心,亦不失教者辅导之旨矣。

学生作文,意义有谬误,须为修改,前已言之。或全篇谬误,苟为之拟作,则学者既嫌文非己作,教者亦感不胜其烦。于是又有一法,指出其谬误之点,巧譬善导,使之领会,而后令之重作。令之重作,苟不授以意义,则前既谬误,或不能另辟途径;如告以如何作法,又将侵犯其思考之自由。但告

150

以趋向,当从某方面着想,意在启发,而非限制,则重作之效果当有可观矣。意义不为增损,谬误促之自省,则于学生之推理及行文必多裨益,固不仅批改之足以尽事也。

综上所论,著者认为小学作文之教授,当以顺应自然之趋势而适合学生之地位为主旨。于读物则力避艰古,求近口说;于命题则随顺其推理之能力而渐使改进;于作法则不拘程式,务求达意,只须文字与情意相吻合;于批改则但为词句之修正,不为情意之增损。

初版责编　夏文芳　王瑞玲